長嶺超輝

# 裁判官の人情お言葉

GS 幻冬舎新書 097

裁判官の人情お言葉集／目次

# はじめに

判事の重任を帯びる僕に向かい、
重々の失敬、聞き棄《ず》てならず。
人違い、迷惑なり。

過去に犯した罪が発覚し、警察官に逮捕されそうになって。

---

長崎・福江区裁判所
辻村庫太《くらた》裁判官
当時32歳 1891.2

## 脱獄囚、裁判官になる

長崎・島原藩士の息子である渡邉魁《わたなべかい》という若者は、銀行に勤めていたものの、無計画な遊びほうけっぷりがアダとなり、やがて経済的に追いつめられてしまいます。ついに1879（明治12）年、仕事で預かっていたお金を着服、「懲役終身」の刑を受けました。しかし、翌年に彼は監獄からの脱走を企てて、まんまと成功。その後は、当局からの指名手配を受けながらも、行く先々で強盗や窃盗を繰り返しながら逃げ回っていたのです。

ただ、こうした行き当たりばったりの生活を続けていても、いずれは見つかって再び収監されると考えた渡邉は、「辻村庫太《くらた》」と氏名を変えて上京。この男には、もともと勉強家の一面もあったようで、東京法学校に入学して3〜4年の勉学に励み、のちに判事登用試験（現在の司法試験に相当）に見事合格。そして、大分で刑事事件を担当する裁判所に配属されました。

罪を裁く裁判官ほどの立場になっておけば、堂々と自らの罪を隠し通せるのではないかと考えたのでしょう。

しかし、悪事は千里を走る。地元の長崎に赴任したころ、いつしか、この新米裁判官を指して「強盗判事」などと陰口をたたく声が聞かれるようになります。やがて、地元の警察・検察の耳にもそのウワサが入り、1891（明治24）年2月下旬、男は逮捕され、長崎地裁の本庁へ護送されることになりました。悪いことはできないものです。

ただ、脱走の罪については、すでに時効が成立していて起訴できず、脱走して免れた残りの刑期についても、なぜか不問に付されています。改名をしたときにウソの届け出をしてニセの戸籍を作った点も、当時の刑法に公正証書原本不実記載罪が定められていなかったせいで、大審院（今の最高裁に相当）にて無罪が確定しました。

盗みと脱走の罪をごまかすために裁判官になった、辻村庫太判事こと渡邊魁という男。それだけの賢さと勤勉さと発想力があるんなら「ちゃんと働けよ！」とツッコミを入れたくなる方も多いでしょうね。釈放されてからは、長崎の島原地方で印判彫刻業を営んでいたようです。器用になんでもできる男で、むしろ感心してしまいますよ。一説には、当時の島原警察署の門標に記された文字も、渡邊の筆によるとのことで、かなり警察と縁の深い男だったようです。

## 日本の裁判官は清廉潔白

盗みの常習犯が監獄から脱走し、あげくのはてにホンモノの裁判官になるという話は、世界的にも非常に珍しいエピソードなのだそうです。最初は、裁判官という立場を悪事の隠れミノにするという安易な発想から出たアイデアだったのでしょうが、その実現は、並たいていの努力では叶いません。彼はその肩書きに甘んじることなく、毎日誰よりも早く裁判所に入り、誰よりも遅く帰宅するほど、自らの職務をまっとうしていたと伝えられています。

渡邊が裁判官の職に就いていたのは、わずか1年あまり。まるでウソのように消えてしまった肩書きですが、彼はあくまで正式な裁判官でした。「地位が人を作る」という言葉もあります。「人が人を裁く」職業の課す使命感が、ひとりの男を更生させた面もありそうですね。

わが国の裁判官は、総じて非常に清廉潔白《せいれんけつぱく》といえます。特に汚職事件は極めて少ないのです。何者かから受け取った金銭をフトコロに入れて、判決内容に手心を加えたようなワイロ犯罪は、明治時代に2度ほど発覚して以来、過去100年以上にわたって今日まで「ゼロ」で通している模様です。こんなことは、はたして裁判所以外の役所でありえるでしょうか。

たしかに、有罪率の異常な高さとか、やたら国に甘い判断とか、性犯罪で検挙される裁判官がチラホラいたりとか、気になるところは多々ありますよ。それでも「カネでは一切ぶれない」ニッポン司法の公正さは特筆すべき点であり、日本人として誇りに思っていいと信じます。

一方で、私たち一般国民も刑事裁判の審理に加わって判決を出す「裁判員制度」が、いよいよ2009年の夏期から実際に動き出しますね。司法が初めて国民と正面から対話する機会であるだけに、裁判官や職員の皆さんの態度や発言は、国民の裁判に対する信頼感をさらに高める足がかりになりますし、逆に一気に信頼を損なわせる危険も含みます。

## 心意気や魂は法律で縛れない

皆さんは、裁判官に対して、どのようなイメージをお持ちでしょうか。法廷で権威をふりかざして偉そうに振る舞う人物でしょうか。法律以外は何も知らない「世間知らず」でしょうか。それとも具体的なイメージを何も持てないほど「顔の見えぬ存在」でしょうか。

これまで拙著『裁判官の爆笑お言葉集』を読んでくださった皆さんからは、「裁判官に対するイメージが変わった」というご感想をよく頂戴します。比較的インパクトの強いお言葉を重点的に採り上げさせていただいたせいもあるのですが、「ほとんどの裁判は、特にすごいことも起きず、粛々《しゆくしゆく》と進められるもの」という当たり前の事実が伝わりづらかったのは、あの本の最大の弱点でした。ご紹介した裁判官の登場する法廷が、つねにドラマチックで見どころが多いわけではありませんし、それ以外の大半の裁判官は、もしかしたら、読者の皆さんにとって「イメージどおり」なのかもしれません。法廷は一般に公開されていますが、裁判は傍聴人を楽しませるために行われるものではないため、別に粛々と始まり、粛々と終わって構わないのです。

法律に書いてあることには、裁判官も従わなければなりません。また、裁判官は法律に沿って判決を出せばよく、そこから精密に導き出した答えに、目の前の当事者をムリヤリ従わせることができます。

しかし、しょせん法律など、不完全な人間たちが作った不完全な決まり事。絶対的なものではありえません。裁判官自身の心意気や魂のあり方まで、法律上の形式的な答えに従順である必要などないのです。そういった意味で、裁判官にとっての法律は、自らの結論に説得力を付け加えるための「小道具」であり、占い師が使う水晶玉やタロットカードなどと変わらないのかもしれませんね。

法律的な答えが、本当に被告人の人生によい影響を及ぼすのか、それで世の中の状況が改善されるのかと、真剣に悩みつづける裁判官がいます。自らが司法の判断者となった意味に対して、とことん向き合おうとする裁判官がいます。判決文の強制力によって、人や物をコマのように動かせば万事収まるとは、とても無邪気に信じていられない裁判官がいます。

そうした裁判官の静かなる情熱が、法廷で投げかけられたお言葉の中に反映されている場合もあるのかもしれません。

今回は、一筋縄ではいかない裁判のなかで生まれたお言葉を手がかりに、そのとき裁判官は何を考え、何を迷い、何を恐れたのか。どこを目指していたのか。そういった「お言葉の向こう側」を皆さんと一緒に覗《のぞ》いてみようと思います。どうぞよろしくお願いします。

# お言葉の出典について

*補充質問……被告人質問（→98ページ）の手続きにおいて投げかけられたお言葉

*判決理由……判決文の中で言及され、公的な記録として残されているお言葉

*説諭……判決言いわたしの後に、被告人の将来に関して投げかけるアドバイス

*その他……閉廷の後や法廷の外で残したお言葉

*→P.000　……本書のなかで、同じ裁判官が話した、他のお言葉の掲載ページ

*（→P.000）……拙著『裁判官の爆笑お言葉集』のなかで、同じ裁判官が話した、他のお言葉の掲載ページ

# 第1章 裁判所は悲しくなります

20年以上も経過した今日においては、
既に珠玉《しゅぎょく》の証拠は失われ、死亡者もあり、
生存者といえども記憶はうすらぎ、
事実の再現は甚《はなは》だ困難にして、
むなしく歴史を探究するに似た無力感から
「財田川《さいたがわ》よ、心あれば事実を教えて欲しい」
と頼みたいような衝動をさえ覚えるのである。

強盗殺人・強盗傷害の罪に問われ、最高裁で死刑が確定した元被告人からの、強盗殺人の点について「裁判をやり直してほしい」という求め（再審開始請求）を棄却して。

---

高松地裁丸亀支部
越智《おち》 傳《つたえ》 裁判長
当時55歳　1972.9.30［判決理由］

## 悩んだあげくの「文学的表現」

讃岐《さぬき》山脈に源を発し、香川県の西部を貫いて瀬戸内海へ注ぐ財田川。そのほとりで強盗殺人事件が起きたのは１９５０（昭和25）年早春のことでした。犠牲者の遺体は、むごたらしく刃物でメッタ刺しにされていたといいます。その１カ月後、別の強盗傷害事件で、ふたりの被疑者が逮捕されます。彼らは地元で、札つきのワルとして知られた若者たちでした。

ふたりは強盗傷害については犯行を認め、懲役3年6カ月などの実刑判決を受けたのですが、犯行の手口が似ているとして、未解決だった強盗殺人事件についても引き続き取り調べが進められることに。ひとりはアリバイが認められ、やがて釈放。しかし、残るひとりに待っていたのは、手段を選ばぬ壮絶な取り調べでした。「私がやりました」というひとことを得る目的で、別件逮捕が繰り返され、約2カ月にわたって、警察官・検察官による暴行や脅迫が、取り調べ室でなされたと伝えられています。そうして引き出された「自白」をもとに起訴され、地裁・高裁・最高裁は、一貫して死刑の求刑を支持。世にいう「財田川事件」の判決は確定しました。

一方で、捜査機関が物証を捏造《ねつぞう》したのではないかという疑いが浮上します。越智裁判長は再審請求をしりぞけながらも、検察官立証の怪しげな点を繰り返し指摘。なにしろ、判決理由の中に「疑問」という単語が20回も出てきていますから、相当ツッコミどころが多かったんだろうなと。

判決理由の最後には「審理を重ねた結果は、力及ばず遂に真相解明というには程遠いことに終わった次第である」と結ばれています。なぜなら、検察官が法廷に提出せずに保管していたはずの証拠書類が、ほとんど紛失しているから。担当の弁護士たちは「見つかると都合が悪いから、わざと検事が捨てたのだ」と主張したわけですが、とにかく、確定判決を積極的にひっくり返すだけの証拠が出ていないことには違いありません。

ただ、この死刑囚は、別の強盗致傷で有罪判決を受けているうえ、少年時代から素行のよろしくない人間だったこともあり、「もしかしたら人殺しも……」という先入観すら裁判官の頭をかすめたことでしょう。もちろん、前科などがあるからといって、本件もやったと決めつけてはいけないのも当然のことです。

証拠が足りない。それでも、真相を知りたい。思えば22年前に起こった犯行の一部始終を、財田川の豊かな流れは静かに見つめていたのではないだろうか。ああ、話を聞けるものなら聞いてみたい……。悩みぬいた法律実務家が思わず吐いた、なんとも文学的な表現でした。

なお、弁護団による再審請求はあきらめずに続けられ、この7年後に再審の開始は認められたのです。さらに5年後、本件の確定死刑囚に、ついに無罪判決が言いわたされています。逮捕から約34年が経過しての釈放でした。

## かくも高き再審のハードル

再審は、確定判決すらひっくり返せる強力な手続き、そこへ至るまでの道のりは極めて険しいのです。ここ数年の司法統計（1999〜2006年）を総合しますと、再審請求に対する何らかの決定が出されたのが、地裁と簡裁で計1112回。そのうち、再審「開始」決定が84回。率にして約7・6％。殺人の疑いから信号無視の疑いまで、全部含めてこの数値です。

裁判所の確定判決が、そう簡単にひっくり返ったら困るのもわかりますが、再審どころか「これから再審をスタートします」という約束を取り付けるだけで何十年もかかり、その間に再審請求人が亡くなるケースも続出しています。再審を始めるために「新証拠の提出」なる厳しい条件が求められることも、決定に時間がかかる理由のひとつ。かつての裁判の時点では見つからなかった物証や証人、新たに可能になった鑑定方法による結果など、この新証拠を発見するまでが、弁護士にとって非常に骨の折れる仕事なのです。

また、再審手続きは「裁く者」にとっても大きなプレッシャーがのしかかります。「大先輩が過去に導いた結論を、後輩が正面から否定する」可能性を含んでいるためです。

もちろん裁判官それぞれの判断は独立していますが、それがいくら司法権の建前とはいえ、普通の裁判官なら、できれば再審手続きには触れずにいたいと思うものなのかもしれません。

## 再審開始決定の手続きにこそ国民参加を

２００９年の夏期より、一般の私たちが重大犯罪の刑事裁判に直接参加する「裁判員制度」が始まります。裁判員と裁判官とが協力し合って、充実した評議が本当に実現するのなら理想的ですが、たとえ素晴らしい結論が導かれたとしても、まだ安心できないでしょうね。なぜなら、裁判員制度が導入されるのは、一審段階（地方裁判所）に限られているからです。

そこから、さらに控訴・上告され、高等裁判所や最高裁判所の裁判官たちによってあらためて判断が加えられる余地が残されています。つまり、今までどおりの伝統的な基準にのっとり「原審判決には重大な誤りがある」などとして、裁判員が関与した一審判決を否定することだって、少なくとも法律上は認められていることになるのです。仮にそうなれば、せっかくスケジュールをやりくりして、仕事や家事を休んでまで裁判所に数日通い続けた、私たちの努力は水の泡になります。そんなの悲しすぎます。

日本で一番エライのは国民なんだそうですよ。憲法の1条に、そう書いてありますから。裁判員制度が導入された理由については、「この国を運営する主権者である私たちが、これからは受け身にならず、積極的に国の統治にたずさわらなきゃいかんのだ」と説明されています。

では、そんなにエライ主権者さまを、「裁判所に来なければ、最大で10万円を支払いなさい」

と、どうして罰則付きでムリヤリ引っぱっていけるのでしょう。そんなにエライ主権者さまに向けて「評議（話し合い）の場で見聞きした出来事は、死ぬまで誰にもしゃべるな」と命令できる根拠は何でしょう。

「国民主権」などというデカイ話を、そんなに持ち込みたいのなら、むしろ不透明で時間がかかりすぎる「再審開始決定」の手続きにこそ、国民の意向を取り入れるべきではないでしょうか。そうなれば、高裁や最高裁が出した確定判決すら、私たちの手が触れられない聖域ではなくなり、司法権に対する主権者のコントロールが十分に及びます。

たしかに再審に持ち込まれるような裁判の事実認定は複雑で、判断するためには書類を山ほど読まなければなりません。しかし、「われこそは」と思う人が名乗り出る志願制にして、その中から見込みのある人物を、裁判所とは別の第三者機関がスカウトするというやり方だってあります。

20

# あまりに弁解が過ぎると、被害者の家族は怒り、裁判所は悲しくなります。

部活動の練習を終え、帰宅途中の女子高校生3人をはね、うち1人に約3カ月の大けがを負わせたとして、殺人未遂と危険運転致傷(赤信号無視)、道路交通法違反(酒気帯び運転)の罪に問われた被告人に対して、懲役16年の判決を言いわたして。

---

千葉地裁松戸支部
伊藤正高裁判長
当時60歳 2007.3.26 [説諭]

## 言い訳がましい被告人に対し

この事故で被告人は、女子高校生のひとりを、車体の下に巻き込んだまま約400メートルにわたって引きずっていたそうで、その恐怖は想像するに余りあります。

「その場から逃げたい一心だった。死んでも構わないと思った」……未必の故意による殺人未遂も合わせて立件された異例の交通事故。しかし、初公判で「人を引きずっていたのは、警察に言われて初めて知った」と、被告人はいきなり否認に転じます。取り調べ段階で、「死んでも構わないと思った」という供述調書が知らぬ間に作られた、という不満があったのでしょうか。ただ、他でも言い訳がましい話を続けていた被告人に対し、裁判長から右記のお言葉が発せられました。

事故の痛ましさに思いを馳《は》せつつも、個人的に気になるのは、この「裁判所は悲しくなります」という言い回しですね。なにも、この伊藤裁判長だけに限った話ではありません。もはや、裁判官の皆さんにとってクセになっているのでしょうか。

以前、東京簡裁で、とある裁判を傍聴したとき、検察官が写真のコピーを提出しようとしていたんですが、コピーでは細かい部分を確認しづらくて困ったんでしょうね。壇上の裁判官がさりげなく「ん～、裁判所は目が悪いので……」とおっしゃっていました。

22

求刑どおりの判決を言いわたすつもりでしたが、法廷に入るお父さんの姿を見て減刑しました。

クルマの中に覚せい剤100グラム近くを隠し持っていたとして、覚せい剤取締法違反(所持)の罪に問われた被告人に対して、懲役3年の判決を言いわたして。

---

静岡地裁浜松支部
岩垂正起裁判官
当時55歳　1995.9.26［説諭］
(→P.80、108)

## 次々に繰り出される熱いお言葉

100グラムというのは、ご飯だと寂しい量ですが、覚せい剤なら異常な多さです。覚せい剤の一回の使用量は、平均で0・03グラムほどといわれています。まっとうに生活していらっしゃる皆さんにとっては、まったく知る必要のない情報ですけどね。100グラムとなると、3000回以上の分量になりますか。他の人間に転売する目的で持っていたと考えるのが自然でしょう。

私は過去に、約5グラムの覚せい剤を不法に所持した、ある男の公判を傍聴したことがありますけれども、彼は法廷で「まとめて買うと安くなる」と言ってましたよ。まるで「お買い得」みたいに話し出すので驚きでした。上野のアメ横じゃないんですから。

裁判官用の大きな椅子に、まるで埋もれるがごとく座ってらっしゃる岩垂判事ですが、積極的にお言葉を投げかける姿には敬服します。暴行罪で起訴されたある被告人が、これからバーテンダーになって立ち直りたいと述べたのに対し、「今までの話を聞いていると、あなたには無理ですよ」とバッサリ切り捨て、「客商売は、特に相手の気持ちを考えなきゃいけないから。ただ、たとえダメでも切り替えて、『自分はこの道で稼がせてもらう』という強い思いさえあれば、別の道でもちゃんと通用する」と、熱く説諭していらっしゃいました。

無期懲役の判決であるが、
仮出獄を期待するかもしれない。
しかし、そう簡単ではありません。
君の場合は終身かもしれないから、
覚悟しておきなさい。

強盗殺人、死体遺棄などの罪に問われた被告人らについて、一審の無期懲役判決を支持し、検察側の控訴を棄却して。

---

名古屋高裁　堀内信明裁判長
当時62歳　2000.4.19［説諭］

## 異例の厳しい指摘

被告人は犯行当時35歳の男。共犯者とともに強盗をたくらみ、知人をクルマの中で射殺。奪った通帳から現金1000万円を引き出し、さらにその4カ月後、別の知人を呼び出して同じようにクルマの中で射殺。やはり200万円あまりが通帳から引き出されています。そして被告人らは、いずれの遺体も地中に埋めて隠していたため、死体遺棄罪にも問われました。

「強盗殺人」「犠牲者2名」という犯罪結果の重大性、「ピストルを用いて密室で射殺」という犯行態様の残忍性などを考えに入れて、検察側は死刑を求刑。そして、堀内裁判長ほか3人の裁判官は、求刑にいちおうの理解を覗かせながらも、無期懲役と結論づけたのです。

なぜなら、この裁判での被告人は、本件犯行の主導的役割を果たしていなかったと認定されたからです。また、事件のあらましを法廷で詳しく話したことによって、裁判所が真相を把握するのに大きく貢献したことも、刑が一等減じられる理由のひとつだとされました。

ただ、この判決には、厳しい指摘も付け加えられたのです。「君が起こしたような重大犯罪では、仮出獄まで少なくとも20年は入っている。身元引受人がいなければ、35年から40年も入っており、そのまま命を落とす場合もある」と、無期懲役刑の実情を被告人に説明した堀内判事。そうして「君の場合は終身かもしれない」との、異例の言及に踏み切ったのです。

かつて、刑務所や拘置所などは、ものものしく「監獄」と呼ばれていたため、この判決の当時は「仮出獄」という言葉がしっくりきました。ただ、現在は監獄から「刑事施設」へと法律上の呼び替えが行われているので、それにともない、仮出獄という法律用語も「仮釈放」へと変更されています。

とはいえ、「脱獄」や「獄中記」などの言葉は、依然として世間で使われています。「獄」という一字には、暗い情念のような独特の雰囲気が漂っていて、なかなか捨てがたいものがあるのでしょう。

## 認められにくくなった仮釈放

日本の刑事司法における極刑は、ご存知のように「死刑」です。それに次ぐ刑罰が「無期懲役」と位置づけられています。無期懲役刑とは、期限なく刑務所の中で働きつづける、というのが文字どおりの意味なのですが、ある程度の年数が過ぎれば、「改悛《かいしゅん》の状（反省の気持ち）」を条件に社会へ戻しているのが実際の運用です。そして、時期の早い遅いの差はあれども、「改悛の状」は、ほとんどの無期懲役囚に認められる方向で動いています。

かたや、拘置所の中で「死の順番待ち」を続ける刑罰。かたや、いずれ社会へ戻すことを目指している刑罰。死刑と無期懲役刑の間には、大きな隔たりがあるといえるでしょう。

その中間的な位置づけとして、ずっと刑務所から出さないことを前提に科す、いわゆる「終身刑」を創設すべきだという声もあります。ただ、日本の刑法が定める無期懲役も、仮釈放さえなければ終身刑と同じ経過をたどります。「改悛の状」の意味をより狭く解釈すれば、特に法律の条文を改正しなくとも、終身での服役そのものは実施できるのです。その点は、前著『裁判官の爆笑お言葉集』21ページにてご説明したとおりです。

近ごろ、「改悛の状」の意味が、運用上だんだん狭くなっているといわれます。仮釈放を受けた無期懲役囚の平均入所期間は、約20年10カ月（1998年）であったのが、約31年10カ月（2007年）にまで延びている統計が出ているからです。かつては20年だった「有期懲役」の上限が、刑法の改正で30年に引き上げられたため、さらに重い無期懲役の服役も延ばさなければ全体のバランスが崩れてしまうからです。現在では60年近く服役生活を送る者もいます。

全国で服役する無期懲役囚の数は、2007年末の時点で1670人。この10年間で一挙に7割以上も増えているそうで、近ごろは年間100人ペースで新たに無期懲役判決が確定していますから、ここからも「厳罰化」の流れが見てとれます。

地蔵に助けてもらいたいという気持ちは
わからないでもないが、普通の生活をして
初めて救いがあります。
これから寒くなるので、冬の間は服役し、
よい気候となる来年の4月に再出発してください。

地蔵に供えられた賽銭《さいせん》540円を持ち去ったとして、窃盗の罪に問われた被告人に対して、懲役8カ月の実刑判決を言いわたして。

---

金沢簡裁 広田秀夫裁判官
1995.10.24［説諭］

## 540円の賽銭泥棒

「お供え物のお下がりは誰でも食べていいという考えがあって、地蔵さんが助けてくれたと思っていた。罪の意識はない」……10年間にわたって職に就かず、直近の2年間は定まった住居もなかった被告人が法廷で語ったのは、あまりにも取って付けたような犯行動機。しかし、北風が吹き始める季節に裁判官が出した答えは、実刑判決でありながらも、柔らかな木漏れ日のような温情が込められていました。

人生の指針を失った迷える者に、心の拠《よ》り所を与え、欲望をうまくコントロールする術を伝授するのは、もともと宗教の役割だったように思います。それこそ、お賽銭《さいせん》の盗難被害を受けたお寺が、彼の悩みを聞き入れてもよかったように思いますが、難しかったのでしょうか。

住みかを失った場合の受け入れ施設として、たとえば女性には民間の「シェルター」、子どもには児童福祉施設などが備えられていますが、成人男性向けの同種の場は限られているのが現状。つまり大半がホームレスやネットカフェ難民とならざるをえない土壌ができあがっているわけです。

この判決で出されたような、懲役1年に満たない比較的軽い実刑（短期自由刑）は、他の服役者から悪い影響をもらうばかりで、立ち直りには逆効果だという考え方もあります。しかし、年度始めである「4月に再出発して」とのアドバイスは、妙に日本の風土と合っていて、更生への具体的なイメージを抱きやすく、なかなか心憎い説諭ではないかと私は思いますけれどね。

刑務所を出ても行くあてのない人々は、民間の更生保護施設（保護会）で、6カ月を期限に寝泊まりしながら、今後の職や部屋探しができるようにはなっています。ただ、期限を過ぎればホームレスになるしかないのでしょう。特に孤独な年配男性の場合、プライドの高さゆえか「税金で食わせてほしくない」「他人の手を煩わすのを潔しとしない」などとヤセ我慢して、施設から抜け出し、また食うに困って盗み、捕まって、どんどん盗癖をこじらせてしまうような事件もみられます。

## 常人にはとても理解できない心理

「石川や　浜の真砂《まさご》は尽きるとも　世に盗人《ぬすびと》の種は尽きまじ」と、石川五右衛門も詠んだように、現代も認知件数が最も多い刑法犯である窃盗。もちろん、裁判の数も多いわけです。

拝観料500円を払って寺に入り、500円を盗んで捕まった賽銭泥棒。何日もはきつづけた自分のパンツが汚れている現実に我慢できず、コンビニでトランクスと洗剤を万引きした男。身体が弱いうえに家族にも見放され、不安感の解消のために万引きを繰り返した主婦。彼女は「お守り」として、現金45万円を財布に入れて持ち歩いていたそうです。こういう裁判を目撃するたびに、盗まなくてもいいと思われるものを盗んでしまう理由について、傍聴席でいつも思い悩んでしまいます。

窃盗罪の法定刑は、懲役10年〜罰金1万円ですが、過去10年間に盗みで懲役刑（6カ月以上）の判決を3回以上受けていれば、「常習累犯窃盗」という罪名（法定刑：最高で懲役20年、最低でも懲役3年）で立件されることがあります。こうなると執行猶予はほとんど付きません。

何度も同じことを繰り返してきた常習累犯窃盗罪の被告人は裁判慣れしていて、法廷でも緊張感がない場合が多くみられます。刑務所の外の世界に魅力を感じられなければ、懲役刑も効き目がなく、人生をやり直す意欲も湧いてこないのでしょうか。

検察官の求刑に「5年かよ」と文句をつけたり、「オレはもうダメだよ！」と自暴自棄になったり、「最近のクルマは、カギが頑丈になりましたねぇ」とボヤく車両盗がいたり。

ある弁護人は「あなたは昔、著名な俳句コンクールに1位で入選したことがあるんですか？」と被告人に質問し、入選作を一句詠ませ、「瑞々《みずみず》しい感性の持ち主なんですね」と結んでいらっしゃいました。それを見て、「あぁ、常習累犯窃盗は、弁護のやりようがないんだな」と、私は弁護人に同情してしまいました。盗みがクセになってしまっている人々に対しては、司法だけでなく行政府も本腰を入れたうえでの、抜本的な解決策が求められます。

20年以上判決文を読んでいるが、
これだけ腹を立てながら判決文を読むことはめったにない。
裁判官が非常に腹を立てていたことを
ゆめゆめ忘れないようにしなさい。

お年寄りの原爆被害者から現金などをだまし取ったとして、詐欺と窃盗の罪に問われた男に対し、執行猶予付きの有罪判決を言いわたして。

長崎地裁　林秀文裁判官
当時53歳　2007.2.6［説諭］

久しぶりでしょう。
息子さんを抱いてください。
子どもの感触を忘れなかったら、
更生できますよ。

警察官の捜査を装い、お年寄りから多額の現金をだまし取ったとして、詐欺などの罪に問われた男に対し、懲役3年8カ月の実刑判決を言いわたして。

奈良地裁葛城《かつらぎ》支部　榎本巧裁判長
当時57歳　2007.5.18［説諭］

## 実刑で優しく、執行猶予で厳しく

詐欺の事件には、若年者よりも高齢者のほうが巻き込まれやすそう、というイメージがありますね。とっさの判断力が鈍りつつあったり、収入が年金頼みでギリギリの生活を強いられていたり、そういったご年配の方が少なくないのは確かでしょう。

平成19年版「犯罪被害者白書」の統計をもとに計算しますと、すべての刑法犯被害に占める詐欺被害の割合は、20代で約3％なのに対し、70代以上では7％に迫る値となるのです。

高齢者に狙いを定める詐欺師は、作業効率を意識した合理的な悪人。「知能犯」に分類されるだけあり、目先が利くのです。むろん、そういった能力の使い方に腹が立つわけですが。

ところで、右に掲げたふたつの裁判官のケースを比較しますと、「実刑で優しく、執行猶予で厳しい説諭」となっています。それだけ裁判官は全体のバランスをつねに考えているともいえますし、たまたまそうなっているだけかもしれません。詳しくみてまいりましょう。

## どうせだますなら超ビッグな相手を——長崎地裁のケース

まるでNHKアナウンサーのごとく、明瞭かつ穏やかな雰囲気で審理を進める林判事。「～しなさい」という柔らかな命令調で説諭をなさる方ですが、この日はだいぶ違ったようです。

本件は、被告人が介護士と称して、戦時中に原爆の被害に遭われた80代の女性の家を訪れ、「あなたの、月3万円の医療手当は、15万円に増やすことができるが、その手続きに費用が要る」などとデタラメを告げたうえで、口座から約220万円を引き出したという事例。「本来助けなければならない人を食い物にした犯行で、極めて悪質」と述べられた判決理由を、被告人は果たしてどういう思いで聞いたのでしょう。

弱い立場の人を相手にだますのであれば、卑怯《ひきょう》だと強く非難されても仕方ありません。せめてアメリカ政府を相手にビッグな詐欺を実行していただきたかったですね。人の道から外れた爆弾を長崎に落としておきながら、戦勝国のゴリ押しで日本の賠償請求権を放棄させた連中を。大きな力にはオツムで対抗する。知能犯が本領を発揮すべき場面です。

たとえば、新しい軍事兵器の発明家を装うなどして近づきましょうよ。そして、まとまった大金を預かったなら、原爆投下だけでなく、広く民間人が狙われた空襲の後遺症に苦しむ皆さん全員で分けましょう。それぐらいズル賢ければ、あなたは超一流の詐欺師。220万円なんてケチなこと言わず、220万ドルを成功報酬として持っていっても誰も怒りません。まぁ、アメリカ様にバレたら怒ってくるでしょうが、それで互いにチャラですから。

## 一世を風靡したリフォーム詐欺――奈良地裁支部のケース

一部の住宅リフォーム会社が、よけいな工事を勝手に行って不当に高額の費用を請求する、いわゆる「リフォーム詐欺」が大きな社会問題となっていたころの事件です。

被告人は警察官のフリをして「リフォーム会社が不正をしたので、支払い済みの代金を返します」と告げながらも、「代金の返還には手数料が必要」などとウソをつきました。先ほどと同様、こうした「手数料がらみ」の話には気をつけなければなりません。

また、リフォーム詐欺というパターンの存在を相手に意識させつつ、結局はだますという、いわば二重構造の詐欺といえます。被告人らは顧客名簿を入手するため、数日間だけ住宅リフォーム会社に就職したそうで、こういう迷惑な輩がいるから、人事部長は胃が痛むのです。

犯行リーダー格だった被告人は、榎本裁判長に指示され、法廷で泣きわめく1歳の長男を、その手で抱きかかえます。長男は間もなく泣きやんだようですが、代わりに被告人が涙を流し始めたと報じられました。

この奈良地裁葛城支部で唯一、刑事裁判用の第1号法廷は、48の傍聴席が備えられているなど、かなり広々した立派な造り。2008年3月現在、裁判所の2階がリフォーム中でした。

## コラム

## この違い、わかる？ ①

**「警察官」と「検察官」**……ひらがなにすると１文字違いで、どちらも被疑者の逮捕、物品の差し押さえなどの「捜査活動」ができる公務員であり、とても紛らわしい。

警察官は怪しい人に職務質問をしたり、非常時には武器での実力行使が許される「取り締まりのプロ」。被疑者を逮捕したら、48時間以内に身柄を検察官へ送致する。

検察官は、原則として司法試験に合格しないと就けない職業（法律家）であって、捜査だけでなく裁判も担当する。警察官から被疑者が送致されれば、裁判に持ち込むかどうかを20日間以内に決める。

大都市部では、捜査（取り調べ）の担当と、裁判の担当が別の検察官である場合がほとんどで、さらに東京・大阪・名古屋には、社会的な影響が大きい事件を専門に担当する特別捜査部（特捜部）も設置されている。

なお、刑事訴訟法192条には、警察官と検察官は「捜査に関し、互に協力しなければならない」と定められている。

**「陪審員」と「裁判員」**……どちらも、一般国民のなかから選ばれ、数人で協力して裁判（多くは刑事裁判）に関わることは共通している。

陪審員は、裁判官のいないところで有罪か無罪かを決める、欧米諸国で導入されている制度である。多くの国では、被告人が無罪を主張している場合に限って、陪審員が集められる。

裁判員は、重大な刑事事件に限り、同席する裁判官と一緒に話し合って、有罪か無罪かだけでなく、有罪の場合にどんな刑罰がふさわしいかまで決定する、日本独自の制度である。重大な犯罪を犯したと疑われる被告人が、たとえ「裁判官だけで裁いてほしい」と希望したとしても、その希望は通らない。

# 第2章 裁きっぱなしでは終わらせない

本来は、実刑にすべき事件ですが、
奥さんたちが被害を弁償したことで、
君の良心を目覚めさせたのではないかと思います。
助けてくれた奥さんに応えなければ、
君は男じゃないよ。

勤め先が倒産し生活費に追われたため、ひったくりを繰り返したとして、窃盗の罪に問われた被告人に対して、執行猶予付きの有罪判決を言いわたして。

---

大阪地裁　吉井広幸裁判官
当時40歳　1999.1.25［説諭］

## 裁判は毒にも薬にもならなくていいのか

刑事裁判には「感銘力」なる言葉があります。法律のプロが立ち会い、世間の目もある公開法廷で裁判を受けるという体験そのものが、被告人の心に与えうる影響のことです。感銘力というものを疑っている専門家も少なくないようですね。裁判所は、法律に沿って粛々と結論を導いていればよく、あえて誰かに感銘を与える場を目指すなんて厚かましい、というようなご意見でしょうか。

もちろん、被告人の立ち直りについては、第一には刑務官や保護司といった方々の仕事です。しかし、裁判官だって被告人を立ち直らせる責任の一端を担っているものと信じます。たしかに、検察官が訴えるとおりの犯罪を被告人が行っていたのかどうか、どのような刑罰を科すべきか、その答えさえ出せば、刑事裁判官の職務は十分にまっとうされたといえるのかもしれません。まるで刑事手続きというベルトコンベアの上に載せて被告人を裁いていくかのような「毒にも薬にもならない裁判」で、本当に立ち直らせることができるのでしょうか。

裁判所で傍聴を繰り返していると、「被告人に説諭しない」のがポリシーである裁判官は、本当に多いのです。被告人に説諭して立ち直りの機会を与えても、逆に裁きっぱなしで放ったらかしにしても、どっちみち裁判官の身分には何の影響もないわけですから、仕方がない現状なのかもしれません。とはいえ、裁判官は法廷で直接に、被告人と対面しています。互いに顔を合わせ、話を交わした以上、そこには人と人との縁が生まれているはずです。

裁判官は、法廷で最も高いところに座っています。本来なら最初に「どうも、高いトコからすみません」なんて皆さんに挨拶しなければならないような位置ですよ。その法壇の高さは決して当然のものではありません。すべての国民から、罪の裁きを託されている象徴としての高さなのです。

はたして日本の裁判官は、その信託に十分に応えられているでしょうか。安心して暮らせる世の中の実現を願う、被害者をはじめとする私たちの祈りを少しでも感じながら、被告人と向き合うことができているでしょうか。

## 公判で執行猶予の意味をおさらい

「女じゃないよ」じゃあ、しっくりこないから不思議です。こういう場面では「男じゃないよ」なのです。もし、子どもを持つ女性の被告人でしたら、「母親として恥ずかしいですよ」みたいなことを告げれば、彼女の心にズキッとくるかもしれませんけどね。

吉井裁判官の前では、どんなにケンカ腰で出廷してきた証人も、審理が進むにつれて態度が落ち着いていく印象を受けますね。事の重大さを理解していない被告人には「これは、あなたを刑務所へ送るかどうか決める裁判なんですよ」と、丁寧に言い聞かせるのです。

判決の後に、執行猶予の意味を説明するのは、どの裁判官も行っていますが、吉井判事はそれで終わらせません。「今回の判決は懲役何年でしたか？」「何年間の執行猶予ですか？」「執行猶予が取り消されると、どうなります？」と被告人に問いかけ、おさらいさせるのです。ここまで徹底した判決公判を初めて観ました。ただ単に、私が知らないだけかもしれません。

もっとも、被告人が立ち直ることに失敗したからといって、裁判官が何らかの責任を負わされるわけではありません。ただ、ご自分の担当した被告人が、再び犯罪に手を染めたと、仮に知ったときに、少なからずショックを受ける存在であっていただきたいのです。

裁判官の評価が、裁判の処理スピードだけで決められていいのでしょうか。たとえば、ある刑事裁判官が過去に担当してきた被告人たちは再び犯罪を起こす率が目に見えて低い、という結果が数値に出ていれば、その裁判官を人事面などで優遇する措置があってもいいだろうと思います。再犯が減れば減るほど、開廷スケジュールを有効に使えて、裁判所全体にメリットがありますし。

他の裁判官が裁いた事例と照らし合わせて、それらしい主文と判決理由をサクサク出力してりゃいいのなら、そう遠くない将来、裁判官の職務はコンピュータに取って代わられるのでは、と危ぶみますね。人が人と真剣に向き合う裁判が、これから末永く続いていくことを願います。

表現することは悪くないが、
やり方を考えてほしい。

商店街の店舗の壁にスプレーで落書きしたとして建造物損壊の罪に問われた被告人に対して、執行猶予付きの有罪判決を言いわたして。

和歌山地裁 山下英久裁判官
当時39歳 2001.2.13［説諭］

落書きを、
自分を表現する芸術とでも思っているのか。
君たちの反省なんて、
裁判所は、もはや知ったこっちゃない。

大阪・ミナミの繁華街であるアメリカ村で、壁などにスプレーで落書きをしたとして、器物損壊の罪に問われるも、法廷で言い訳を繰り返し、開き直った態度を見せる被告人に対して。

大阪地裁 安永健次裁判官
当時41歳 2007.8.6［補充質問］

## 判決は「落書きの除去」？

私が、地元の九州にいたころの話ですが、ある街の一角に白スプレーで、「女は裏切る」と乱暴に大書きされているのを見つけ、不覚にも笑ってしまったことがありました。しかも、スプレーのインクが文字から少し垂れているさまが、なんとも悲しげ。もちろん落書きなんか、その建造物の持ち主の許しがなければ絶対にやってはいけませんが、その強烈な表現欲求の発露を前に、いたたまれない気持ちになりましたね。

女性の皆さん、どうか純真な彼を裏切らないでください。ちなみに、私は女性に裏切られても気づいてない場合がありそうでコワイです。

いよいよ、日本でも社会奉仕（ボランティア活動）命令付きの執行猶予制度が導入される方向で動き出そうとしています。その社会奉仕には「落書きの除去」なども含まれるそうです。

## そもそも発想がしょぼいのでは——和歌山地裁のケース

本件の被告人は、美術専門学校に通っていた20歳の学生。裁判官は判決理由で、本件犯行を「自己本位で悪質」と断罪なさってます。

褒められようが、けなされようが、作りたくて仕方ないから作る。

表現とか芸術とかは、もともと自己本位のものだと考えます。自己本位を前提に、誰かから「もっと描いて」と求められたなら、次を描くときに「サービス精神」というもので味付けするのも興味深いでしょう。

あくまで「描きたいから描く」という表現への衝動が根っこにあるからこそ、応援するファンも熱く呼応してくれるのです。

諸外国で「カッコイイ」と流行しているパターンをマネて練習して……わざわざ街頭の壁面を選んで落書きする行為からは、表現の喜びが伝わってきません。むしろ、ハナっから他人の目を意識し、似たようなセンスの落書きに自らを溶け込ませて安心している中途半端さが見え隠れします。アートや広告を志す学生さんのわりには、しょぼい発想です。

## 被告人に廊下で説教する傍聴人がいた――大阪地裁のケース

大阪の裁判所というのは、なかなか凄いところです。

原付バイクでお年寄りをひいた交通死亡事故の公判で、反省の弁を述べながらも、たびたび言い訳を繰り返す被告人がいました。その裁判が済んだ後のことですが、ある傍聴人が廊下で、彼に対して説教を始めたんですね。「おい、兄ちゃん」という声のかけ方から察するに、おそらく赤の他人だと思うんですが、私が別の裁判を傍聴し終わって、再びその場所を通りかかると、まだ叱り続けていました。

さて、落書き犯の態度に法廷で激昂《げきこう》したと報じられた安永判事。

この裁判の様子を伝えた司法記者の方に、たまたまお話を伺うことができたのですが、叱りつけたシーンを強調する形になったのは、報道に割ける分量には限りがあるためにやむをえず、とのことでした。

安永裁判官は決して気の短い方ではなく、普段はテキパキ丁寧に進める方。しかし、明らかに反省の足りない被告人に対しては、その表情が一変するのです。

たとえば、少年院あがりの車上荒らしには「いつまでも子どもじゃないんだよ!」と一喝。その後の開廷スケジュールがどんなにタイトでも、あえて時間をかけて彼の自覚をうながす様子を拝見しました。

なんだか、傍聴席の私まで叱られている気分になりましたが、安永判事による裁判の後なら、あのお節介なオッサンがわざわざ説教に乗り出す必要もないはずです。きっと。

その頑固な性格を、
前向きな方向に生かしなさい。

住居侵入と窃盗未遂の罪に問われるも、名前や年齢を一貫して黙秘しつづけた男性の被告人に対して、執行猶予付きの有罪判決を言いわたして。

加治木簡裁 伊志嶺洪裁判官
2002.2.14［説諭］

弁護士さんや検察官も
あなたにまっとうに生きてほしいと手を尽くしました。
世の中それほど捨てたものではありません。
人を信用して、困ったときにはどこかに相談をしてください。
私に会いに来てもいいし、そのときは、
裁判官としてできるだけのことをしたいと思います。

窃盗の罪に問われるも、氏名不詳の男性に対して、罰金15万円の判決を言いわたして。

京都地裁 東尾龍一裁判官
当時55歳 2007.4.25［説諭］
(→P.126)

## 名乗りたくない人、名乗れない人

被疑者を逮捕して、まず警察官が作っておきたいのが「身上・経歴」、つまりプロフィールの記録で、氏名は当然まっさきに尋ねられます。刑事裁判が始まったときも「名前は何といいますか？」というのが、裁判官からの最初の質問です。

ただ、被疑者・被告人が自分の氏名を答えない珍しいケースもありまして、これは大きく2種類に分かれます。「名乗りたくない場合」と「名乗れない場合」です。

私も過去に、身元を明かさない被告人の裁判を傍聴したことがありますが、これは「名乗りたくない場合」でした。カプセルホテルの無銭宿泊。詐欺事件です。自分のことを飄々《ひょうひょう》と「天涯孤独」「世捨てびと」だと形容するわりに、ぶっきらぼうな受け答えをしたり、身体を細かく左右に揺らすなどして、法廷に居合わせた人たちを威嚇しているような印象でした。

いつもは被告人の個人情報を握り、冒頭陳述でこれでもかといわんばかりにバンバン披露していく検察官も、この日ばかりは「被告人の身上経歴は……不詳であります」と、力なく読み上げるしかありませんでした。その表情は少し悲しげ。とはいえ、置き引きの前科が1犯あることは特定できていましたから、やっぱり抜かりないですね。

## 身元ダンマリ作戦、遂行――加治木簡裁のケース

この件における被告人は、犯行の事実を素直に認め、動機もちゃんと供述していたようです。ただし、氏名・住所・年齢は「知らない」として黙秘しました。そこだけ素直じゃないのね。刑事訴訟法は311条で「終始黙秘」できると定めますが、その一方で最高裁の判例は「そりゃそうだけど、さすがに氏名は黙秘しちゃいかんよ」と言っているんです。

じつは、氏名を黙秘された場合に、実際問題どう対処すべきなのか、法律には何も書かれていないのが現状です。だからといって、名乗りたがらないのを、ムリヤリ名乗らせるわけにもいきませんよね。

本件被告人の「身元ダンマリ作戦」を受けて、検察は過去の前歴者の指紋データと照らし合わせましたが、彼の検挙歴はなし。しかたなく、起訴状の氏名・年齢の欄に「不詳」と記し、カッコ書きで「(別紙写真の男)」と書き添え、被告人を特定するための資料として、顔写真を付けて起訴したようです。

本件では被告人の身元が最後までわからないまま執行猶予が付いて、晴れて釈放されました。もし、刑の執行猶予の期間中に再び罪を犯せば、猶予は取り消されるのですが、「その人」が再び犯した事実も、また指紋や顔写真だけで特定することになるのでしょう。

## 記憶喪失の被告人に温情判決──京都地裁のケース

とつぜん山の中で記憶喪失に陥ってしまい、数カ月にわたって放浪していた被告人が、空腹をしのぐために食料品などを万引きしたという事件です。

罰金刑ですと、一般的には「略式手続き」といって、弁護人のいない非公開の場所で、検察官の主張だけをもとに裁判官が命令を出すことが多いようです。しかし、一方的な略式命令では、罰金を納めるだけのお金もなく、その後に身を寄せるあてもない男性にとって、かえって不利だとして、同情した検察官はあえて正式な裁判に持ち込むことを選びます。また、男性が更生保護施設に入れるよう、弁護人とともに関係機関へ働きかけていたといいます。

その配慮に応え、東尾裁判官も「やったことは悪い」としながら、判決が出るまで閉じ込められていた期間（未決勾留日数）を1日につき1万円と換算。刑法21条の定めにより、15万円の罰金と相殺《そうさい》することで、「実質的に罰金ゼロ円」の温情判決に仕上げてみせました。

私も東尾判事の法廷へは繰り返し足を運びましたが、この方も「人と向き合う」という裁判のあり方を真剣に考えておられるように見受けられ、敬服している裁判官のおひとりです。

少女が人生で一番輝いているときに、
土足で踏みにじったようなもの。

強制わいせつや児童買春・児童ポルノ禁止法違反（児童ポルノ提供）などの罪に問われた被告人に対して、懲役12年の判決を言いわたして。

仙台地裁　山内昭善裁判長
当時53歳　2006.9.28［説諭］
（→P.212）

女性にとっては「精神的殺人罪」といわれるくらいの
犯罪であることを忘れないように。

住居侵入と強姦致傷の罪に問われた被告人に対して、懲役10年の判決を言いわたして。

山形地裁　木下徹信裁判長
当時62歳　2002.1.28［説諭］
→P.202

## 女性の心にとりつく呪い

性犯罪に足を踏み入れてしまう人たちというのは、たとえば旺盛な精力がカラダの奥底から溢《あふ》れかえって仕方がないなど、なんとなく特殊な体質の持ち主かとイメージしてしまいがちです。しかし、必ずしもそういう事情があるわけではないとされています。また、アダルトビデオなどの広まりと性犯罪とを安易に結びつけるのも慎むべきでしょう。

「つい魔が差して」見ず知らずの女性を襲う人の多くは、「自分はこのまま人生を終わるのか」などと、仕事や対人関係などで大きな不安やストレスを抱え、しかも不安感を生む原因に正面から向き合って状況を打ちやぶる程度の勇気もなく、自分に合ったストレス解消の方法すら持っていないことが多いようです。

日本の裁判官は清廉潔白。政治家に比べたら失言もはるかに少ないですし、金銭のワイロなど一切受け取りません。

しかし、たまに聞こえてくる不祥事といえば、チカンや児童買春、わいせつメールにストーカーなど、そういった性的な恥ずべき行為ばかりなのが気になりますね。このままだと、「民法」や「刑事訴訟法」などに加え、「ストレス解消方法」も司法試験の一科目として受験生に問わねばならない勢いです。冗談です。

もちろん、変に道を踏み外したりしない裁判官のほうが、実際には圧倒的多数を占めます。山内判事も木下判事も、「性犯罪がいかに卑劣か」という強いメッセージを、それぞれ独特の表現で被告人らに投げかけています。特に木下判事による「精神的殺人罪」という表現が印象的ですね。強姦致傷罪の法定刑は、懲役5年〜無期懲役ですから、実際、殺人罪（懲役5年〜死刑）にほぼ匹敵する重罪となっています。

性犯罪者の被害というのは、女性の心にとりつく「呪い」のようなものといわれていますね。犯行から長い時間が経過してからも、ふいに被害の様子が頭をよぎったりするなど、そう簡単に「呪い」から解放されるものではないようです。被害者の心にまで浸食していく性犯罪者のふるまいなど、もはや唾棄《だき》するほかありません。

## 性犯罪者処遇プログラムが始まった

やったこと自体は唾棄すべきでも、ただ法律どおりに処罰するだけでは根本的な解決にならない場合も多いのです。

そこで、性犯罪をやめられない常習犯を、「性依存症」という病にかかった患者と位置づけ、更生というよりも「治療」の対象とする動きが広がりつつあります。

法務省は、2006年度より正式に「性犯罪者処遇プログラム」を始動させています。性犯罪での受刑者や仮釈放者、保護観察付きの執行猶予者が、ふたたび同じ過ちを犯さないよう、精神科医や臨床心理士といった専門家が乗り出して、身勝手な考え方（認知の歪《ゆが》み）を正したり、性衝動をコントロールする訓練を指導したりするなどの働きかけを実施しています。

繰り返されやすい性犯罪を少しでも減らす方向へ、大きな一歩を踏み出したのは確かですが、同プログラムは、最長でも1年あまりで終了してしまうのが現状です。「性依存症」の患者を継続的に支援する民間の医療機関や施設も、全国で少しずつ増えていますが、採算が取りづらい部門であることから、まだ十分な数が確保されていないようですね。

たとえば、アルコールや違法薬物などの依存症とは、ほぼ一生、患者はじっくり腰を据えてつきあっていかなければなりません。となると、具体的な被害者が生じていて、より危険性の高い「性依存症」への対策が、1年程度で終了するのは不十分ではないかとも考えられます。

同プログラムにかけられる年間予算も、わずか1億円前後と、やはり頼りない額ですね。公共工事の鉄筋コンクリートなどに費やされる巨額の税金が、もう少し、性犯罪者の処遇に限らず、「人」や「安全」に振り向けられてもいい時代に来ていると思うのですが。

# ムラムラしたら、こぶしを握り我慢しなさい。

神奈川県の迷惑防止条例違反(痴漢)の罪に問われた被告人に対して、懲役8カ月の判決を言いわたして。

---

横浜地裁横須賀支部
福島節男裁判官
当時53歳 2003.7.3［説諭］
→P.196(→P.198)

## 裁判官が「ムラムラ」への対処法を伝授

電車の中で女子高校生の胸を触ったという、42歳の大工の男。痴漢の常習性があるとして、実刑を言いわたした福島判事ですが、それと併せて、「ムラムラ」したときの対処法を伝授してくださいました。

いくら性犯罪の常習犯といっても、「われわれの理解を超えた憎むべき輩《やから》」だとばかり責め立てて、突き放すのでなく、あくまで「感情をコントロールすることのできる人間」として、同じ土俵の上で向き合ってみせたのです。

たしかに、頭よりも握りこぶしのほうに意識や血液が行きわたりそうですので、一時的な我慢の方法としては意外と効果的かもしれませんね。ただ、女子高校生のほうをジッと凝視しながらプルプル握りしめては、かえって怖がられて逆効果でしょう。なので、こぶしを握る際には、女の子から目をそらしておく必要がありそうです。

最近は「さわる」痴漢だけでなく、「さわらない」痴漢、つまり盗撮が増加傾向にあります。こいつらの犯行は、カメラや携帯電話のボタンを押せば済みますから、さらにやっかいです。途中で過ちに気づき、手の中のカメラを握りつぶすぐらいの心意気が欲しいものですな。

私もむかし、裁判官になる前に、
パチンコに熱中していたことがありました。
父親に借金までしてパチンコに負けたとき、
おやじが苦労して稼いだお金で
こんなことしていていいのかと思い、
それから20年、一度もパチンコはしていません。
あなたも自分の意志でやめるしかないですよ。

パチンコで大当たりした女性を店外で尾行し、ひったくりを行ったとして強盗致傷の罪に問われた被告人が、「パチンコで遊ぶ金欲しさの犯行」だったと動機を説明したことに対して。

青森地裁　室橋雅仁裁判官
当時41歳　2007.3.7［補充質問］
（→P.116、120）

私の小学4年生の誕生日に、
両親とも病気で寝込んでしまい、
プレゼントもなく、300円を渡されただけで、
さみしい思いをしましたが、
それでも、早くよくなってほしいと思っていました。
お子さんも、両親が元気でいるのが
一番いいと思っていたのではないでしょうか。

自宅で無理心中をはかろうと、子ども2人の頭などを金づちで殴って重傷を負わせたとして、殺人未遂の罪に問われた被告人が「経済的に苦しく、子どもたちが不憫《ふびん》だった」と動機を説明したことに対して。

青森地裁　室橋雅仁裁判官
当時40歳　2006.3.10［補充質問］

## あこがれの室橋判事を追いかけて

上野発の新幹線に乗って、冬景色の青森へ行ってまいりました。青森地方裁判所の法廷には、プライベート等で傍聴に来ている人々はほとんどいない模様で、少し大きな事件になると、傍聴席に報道陣が詰めかけるぐらいのものです。

開廷表も置いていないため、何か興味深い裁判をやっていないか、廊下をウロウロして探していると、「どちらに御用ですか？」と、職員の方に声をかけられてしまいました。

それにしても、室橋判事らしき人物が見あたりません。尋ねてみると、すでに異動なさったとのこと。しかも最高裁の事務総局へです。室橋さんが出世コースに乗るのは喜ばしいことですが、裁判の現場から離れるのは寂しいなと、遠く津軽の地から思いを馳せる私。

裁判官だって、生まれたときから完全無欠で幸せだったわけではないと知れば、被告人も法廷で心を開き、本音を語ってくれるのではないでしょうか。また、自分のマイナス面を平気でさらすことは、それをカバーしてあまりあるプラス面を持っていなければ、なかなかできません。

ただ、気をつけないと「私にできたんだから、キミもやればできる」的な押しつけがましさが生じて、かえって被告人から反発されてしまう危険性もあるでしょう。難しいですね。

判決に不服があれば、
控訴することができますが、
裁判所にペンキは投げないでくださいよ。

国会議員の収賄事件に対する訴追の甘さに腹を立て、検察庁の庁名が書かれた板に、黄色や白のペンキをかけたとして、器物損壊の罪に問われた被告人に対して、執行猶予付きの有罪判決を言いわたして。

東京地裁　松浦繁裁判長
当時49歳　1993.5.10［その他］
（→P.168、170、184）

被告人はオーストラリアから戻ってきたが、
名前は富嶋次郎であって、
浦島太郎ではない。
まだ若く、十分働ける。

所得税法違反（脱税）の罪に問われ、家族とともに身を隠していたオーストラリアから強制的に日本へ戻された被告人に、執行猶予付きの有罪判決を言いわたして。

東京地裁　松浦繁裁判官
当時48歳　1991.10.30［説諭］

## ただのダジャレおじさんではない……はず

前著『裁判官の爆笑お言葉集』で、皆さんから反響の大きかった、松浦判事のお言葉について、またしてもご紹介しておりますが……。まぁ、両者ともなかなか脱力感たっぷりで、しょうもない言葉遊びのように見えます。しかし、あなどれませんよ。

富嶋次郎氏の事件に関して、松浦さんは「浦島太郎」の話になぞらえておられます。オーストラリアの大地が、さしずめ「竜宮城」といったところでしょうか。ただ、富嶋氏が日本を離れ、オーストラリアで潜伏していたのは、たった2年あまりなんですよね。若き浦島太郎が、おじいさんになる年齢まで居続けてしまった竜宮城とは違う。まだ日本でやり直せる……。

被告人を立ち直らせる目的で磨きぬかれた、輝かしいたとえと評価すべきです。ただ単に、法廷でダジャレを言いたいだけのオッサンではありません。こういう方が、司法試験を突破して裁判官になった実績があるのですから、日本の裁判所はまだ大丈夫だと勇気づけられます。

さて、次の第3章は、愛知県を拠点に裁判傍聴を精力的に続け、ブログに傍聴記を載せている、友人の松尾優喜さんに託します。尾張《おわり》名古屋の法廷で飛び出した裁判官のお言葉を、彼の「地元愛」にもとづき解説してもらいましょう。

## コラム

## この違い、わかる？　②

**「拘置所」と「留置場」**……いずれも、被疑者・被告人が逃げたり証拠を隠したりすることを防ぐため、裁判で刑が確定するまでの間、とりあえず閉じこめておく（未決勾留）施設である。

拘置所は、未決勾留を受ける人や死刑囚のための専門の施設だが、数が足りないためか、警察署のなかにある牢屋《ろうや》でも未決勾留が行われる場合があり、この警察署の牢屋を留置場という。

たとえ留置場であっても、被疑者を弁護士と会わせるより取り調べを優先するなど、捜査の目的にばかり都合のいい扱いをするのは、もってのほかだ。

**「当番弁護士」と「国選弁護人」**……当番弁護士システムは、逮捕された被疑者から警察を通じて連絡を受けた場合に、１回だけ無料で被疑者のもとへ弁護士を派遣する、地元の弁護士会のサービス。被疑者の家族や友人が弁護士会に直接連絡することもできる。その弁護士に引き続き来てほしい場合は、正式に私選弁護人として依頼する契約を結ぶことになる。

国選弁護人は、お金が足りないなどの事情で私選弁護人が付いていない被疑者・被告人のために、法テラス（日本司法支援センター）という機関が派遣する弁護士。その報酬は税金でまかなわれる。

どんなに悪人づらをした怪しい人物でも、裁判が確定するまでは無罪だと推定されるし、たとえ真犯人であっても、不当に重い刑罰を科されるいわれはない。刑事裁判が一方的な責任追及の場にならないよう、弁護士が力を尽くして、裁判の公平性を守っている。

# 第3章 名古屋地裁 やじうま傍聴記

62

# あなたに母親としての自覚が足りないんじゃないですか。

3人の子を持つ女性が、覚せい剤を常用する仲間と、車上狙いを繰り返した事件の裁判で。

---

名古屋地裁　森島聡裁判官
当時42歳　2007.5.31［補充質問］

## 「あなたあっての私」です

はじめまして。名古屋地裁を中心に法廷へと通い詰めております松尾優喜と申します。私はブログ　http://chisai.seesaa.net/　にて裁判傍聴録を書いております。

まずは、私が実際に傍聴席で聴いたお言葉から、最も印象に残ったものを紹介いたします。

この裁判が行われたころ、森島聡判事は、名古屋地裁の刑事3部に所属していました。裁判長ではないけれど、小さな事件はひとりで任されている、いわば中堅どころでした。

本件の被告人は女性です。懲役の実刑を言いわたされる女性被告人には似た傾向があります。「どうして二度と罪を犯さないと言えるのか？」という問いに対して、「子どものため」「両親のため」「夫のため」と、周囲の人間に依存した理由を答えるのです。これは、犯罪の動機についても同じで、「彼氏に誘われて」「悪い友達と縁を切れなくて」など、周囲の人間が絡んだ理由を語ります。罪種としては薬物事犯が最も多くなっています。

## 覚せい剤&車上狙いは3児の母

被告人席に座っていたのは、30代ぐらいに見える女性で、髪を茶色に染めていました。ガッチリした体格ではあるものの、疲れ切った表情をしており、生きているのもやっとに見えました。3人の幼いお子さんを持つ母親なのだそうです。

彼女は、乗用車の中からカバンなどを盗んだ4件の窃盗（いわゆる車上狙い）と、覚せい剤を使用・所持していた覚せい剤取締法違反に、それぞれ問われていました。

彼女は、犯行の動機や、やめられなかった理由について、次のように述べました。

「（車上狙いは）友達もお金に困ってて、自分も苦しい生活で、話が合って……」「最初は運転手だけだったけど、ズルズルいろいろと犯罪やってしまいました」

「（覚せい剤は）嫌なことあったり、嫌気がさして、イライラしたことあって使いました」「みんなで使ってて、自分だけやめると、警察に捕まる心配あったたし、年上だから抜けられなかった……」

やはり、友達から誘われて、断り切れず、自分だけ抜けるわけにもいかず、常習的に続けてしまったという主張でした。


**「全部環境が悪いんですか？」**


森島聡判事は、被害弁償に関する確認をした後、いよいよ核心をつく質問を始めました。

「今回の事件ね、ひとことで言えば、子ども3人いる人がやるような犯罪ではない。どんな生活してたんですか？」

「家族に気づかれないようにやってた……」

森島判事は、一呼吸ほど間をおき、覚悟を決めたような口調で、厳しく問い詰めました。

「全部環境が悪いんですか？」

被告人は言葉を失い、どうにか「……あぁー」と、感心したような声を発しました。

「端的に言うと、あなたに母親としての自覚が足りないんじゃないですか？」

被告人は、「……あぁー」と、あきらめたような声を発しました。

「ちゃんと子どものことを考えて生活してましたか？」

「子どもには気づかれないように思ってはいたんですけど、結局捕まって子どもに寂しい思いさせてしまって……」

ついに被告人は泣き出してしまいました。

## 頑張っても厳しいシングルマザー事情

被告人に言いわたされた判決は「懲役2年4カ月、未決勾留日数60日を刑に算入、覚せい剤1袋没収」でした。つまり、2年2カ月の服役と覚せい剤の没収です。

私が裁判を見ていた限りでは、被告人の夫について話が出てこなかったため、おそらくはシングルマザーだろうと思います。彼女は「子どもにつらい思いをさせたくない」と更生への意欲を語っています。本当に3人の幼いお子さんを抱えてやり直せるのでしょうか。

3人の子どもを育てるには、母親の愛情はもちろんですが、何よりお金が必要です。

被告人のように、5歳未満のお子さんを持つシングルマザーは、約51％が非正規雇用者です。シングルマザーの非正規雇用者の場合、平均年間就労収入はたったの113万円です。単純計算すると月額10万円足らずです。

被告人が、社会復帰後どんなに頑張って働いても、もらえる賃金はごくわずかというのが現実です。

## きれいごとでなく行動を

親が拘禁された子どもたちは、誰も面倒をみてくれる人がいない場合、児童相談所を通じて、おもに児童養護施設へと送られています。盗みや覚せい剤に手を出す親と暮らすより、専門家のお世話になったほうが、子どもたちの発育にはよいだろうと思います。

出所後すぐに子どもを引き取る必要はありません。10万円足らずの賃金で生活するのは大変ですから、児童相談所の担当者とよく相談して、引き取りには慎重を期してください。

引き取った後は最寄りの福祉事務所へ相談に行ってください。児童扶養手当の支給や修学資金の貸し付け等が受けられます。それでも苦しいとは思いますが、もらえるだけマシです。

重要なのは子どもを養えるだけの安定した生活を送ることです。「子どものために」などときれいごとを言うだけでは、下手に期待させてしまう分だけ、子どもを傷つけます。

覚せい剤で検挙された人のうち、過去に検挙歴のある人は56%を超えます。再犯率の高い犯罪です。焦らず慎重に更生の道を歩むことが「子どものため」だと思います。

この際、オカマも定年退職して、
第二の人生を考えなければならない。

65歳の男性がドラッグストアから化粧水ほか2点を万引きした事件で、罰金20万円の実刑判決を言いわたして。

名古屋簡裁 山本正名裁判官
2007.3.28［説諭］→P.72

## ベテラン男娼に引退勧告

被告人は、男性を客に売春する男娼《だんしょう》で、女装して商売をしていました。30年以上もの間、男娼として働いてきた、その道の大ベテランです。

しかし、化粧品すら買えないような状況に陥っていたのですから、彼の人気は底をついていたのでしょう。

男娼には定年がありません。会社員ではないからです。

その意味では自営業者と似ています。自営業者のなかには、健康が続く限り、いつまでも元気に働いている人がいます。「あそこの駄菓子屋のおばあちゃんね、私が子どものころからおばあちゃんだったよ」なんていう笑い話をよく聞きます。

男娼は、駄菓子屋と違って、法に触れる商売です。しかも、被告人は歳をとって稼げなくなっているのですから、続けていれば、金に困って万引きを繰り返すかもしれません。

この日はあくまでも窃盗事件の判決宣告でした。裁判官は、男娼を続けた被告人の人生を責めることなく、励ますように、男娼から足を洗うようアドバイスしました。

賭博の違法行為以外は
経営者として努力されていたと思います。
同じ努力をするなら、まっとうな商売で稼いだほうが、
奥さんや幼いお子さんのためになるのではないかと、
裁判所としては期待しております。

バカラ賭博場を開いたとして賭博開帳図利の罪に問われた暴力団組長に懲役2年の実刑判決を言いわたして。

---

名古屋地裁 近藤宏子裁判官
当時48歳 2008.5.21 ［説諭］
→P.124

### それでもバカラ賭博は良心的

被告人は30代ぐらいの組長でした。彼は、集客の見込める自動車工場の近くにカジノを作り、配下の組員や知人を雇って、約2億円を売り上げました。

近藤判事が指摘するとおり経営者として見事な手腕です。それだけに、手腕を悪用しての犯行は、厳しく処罰されて当然なのでしょう。組長は、執行猶予中の前刑と合わせて、4年6カ月の懲役を勤めることになりました。基本的にヤクザは仮釈放されません。

情状証人として出廷した妻は、「子どもが3人いますし普通の仕事で頑張ってほしい」とヤクザをやめてほしいと語りながらも、「看護師の資格がありますので仕事を探したい」と働きながら子どもを養って夫を待つつもりのようでした。

谷岡一郎さんの『ツキの法則』によると、バカラの面白さは競馬と同じぐらいなのだそうです。その一方で、1万円賭けるごとに負ける平均額は、競馬の2500円に対して、バカラは136円です。バカラは競馬に比べてずいぶん良心的です。

違法なバカラ賭博撲滅には、競馬で1万円賭けるごとに負ける平均額が、バカラ並みの136円以下となるよう、競馬法を改正することが根本的な解決策だと思います。

あなたのやったことを
世間に推奨する判決ではない。
法令で許されることが、
道徳的には許されないこともあるということを
よく考えてください。

勤務先で知り合った当時高校3年生であった少女と18歳未満であることを知りながら性的行為をしたとして、愛知県青少年保護育成条例（淫行の禁止）違反の罪に問われた妻子ある男性に、「真摯な交際をしていた」と認め、無罪判決を言いわたして。

---

名古屋簡裁　山本正名裁判官
2007.5.23［説諭］→P.68

## 被害届より先にすべきこと

最高裁判例によると、青少年条例の「淫行の禁止」は、不安定な心につけこんだり、立場を利用したり、ごほうびを与えたりするなど、青少年を性欲の道具に扱っていることが立証されないと、有罪にできないそうです。それを検察が立証できなかったら無罪になります。

捜査の発端は、両親が少女に出させた、被害届でした。

判決によると、少女は男性に妻子があることなどを納得したうえで交際していたそうです。理由はどうあれ、自分の好きな人が逮捕されて、周りの大人が大騒ぎしたのですから、ガラスの心を持つ10代にとって、この大騒動はつらかったのではないでしょうか。条例の目的は「青少年の保護」と「健全な育成」であり少女に負担を強いることではありません。

この事件の場合、少女に有効なのは、交際相手への処罰よりも、「妻子持ちとの恋愛は実らないよ」「職場恋愛はもめるとやっかいだから慎重に」など、両親による愛情あるアドバイスではなかったかと思います。

一方の男性は、逮捕や勾留などで精神的苦痛を受けたとして、国と県を相手取り、損害賠償請求を起こしました。

極刑を望んでいる被害者の前で、
あなた自身の将来を語るのは、
気持ちを考えていないのでは。

愛知県知多市で起きた女子大生ストーカー殺人事件（自宅に上がりこみ、母親にも重傷を負わせる）で、一審で無期懲役判決を受けた被告人が、控訴した理由について「刑に服した後、司法書士や税理士になり社会に貢献したいが、無期懲役では資格を取るのに制限がある」と話したことを受けて。

---

名古屋高裁　小島裕史裁判長
当時64歳　2001.4.24［補充質問］

## そんな理由で控訴ですか？

無期懲役は生きている限り刑の執行が終了しません。法律で仮釈放が認められているものの、あくまでも仮釈放、死ぬまで保護観察に付されます。

司法書士は禁錮《きんこ》以上の刑の執行終了から2年間、税理士は3年間、その資格を取ることができません。被告人が無期懲役判決を不服としている理由です。

ではたとえば、懲役20年だったとしたら、資格を取れるのでしょうか？

現在（２００８年）最高裁に上告中の被告人は31歳です。もし、判決が今すぐに確定し、刑の執行が始まったとしても、司法書士の資格が取れるのは53歳、税理士は54歳からです。果たして、その歳まで刑務所暮らしを続けていた彼は、難しい資格に挑戦する気力や体力が残っているのでしょうか。何年もかけて合格したところで、彼に仕事を頼む人がいるのでしょうか。

こんな簡単なことすらわからないようでは、どんなに素晴らしい資格を取得したところで、社会復帰はうまくいかないと思います。

76

# 肩の力を抜いてほしい。90点でなく、60点でもいいんじゃないか。

生後10カ月の長男を自閉症と思い込み、焼酎入りのミルクを飲ませ死亡させたとして、傷害致死の罪に問われた母親に、重度のうつ病による心神耗弱《しんしんこうじゃく》だったことを認め、執行猶予付き判決を言いわたして。母親は、無理心中をはかろうとして、長男の痛みを和らげるため、犯行に及んだ。

---

名古屋地裁岡崎支部
堀毅彦裁判長
当時52歳 2003.10.8［説諭］

## ひとりで思いつめる前にSOSを!

自閉症というのは、情報入力がうまくいかない、脳の障害です。情報入力の工夫をすれば教育は可能です。養護学校では、約4～6人の児童にふたりの先生が付いて、丁寧な指導が行われます。高等部への進学も可能です。就職して立派に暮らす人も大勢います。

被告人は、ネットで得た知識から、長男の自閉症を疑うようになりました。病気や障害の解説は、医学論文や教科書を、一般向けに簡略化したものです。私も、ネットで病気を調べていると、あらゆる項目に当てはまっている気がして、自分が重い病気ではないかと心配になります。

その場合の対処法は簡単です。裏付けをとれば良いのです。彼女の場合、お子さんを小児科に受診させれば、解決していたはずです。

もっとも、それ以上に、彼女自身が精神科を受診する必要がありました。精神科医のアドバイスを受け、処方された薬をのめば、思い込みは消えていたかもしれません。

自殺する人の多くは、視野が狭くなり、自殺だけが唯一の解決法だと考えてしまいます。重度のうつ病であれば判断力を欠いて当然です。無理心中ほどの重大な決断は、裏付けがとれるまで、先のばしにしたほうが良いでしょう。

大切な人であればあるほど、生きてほしいと思うはず。
もし、あなたが生きる意欲を持ち、励ましていたら、
彼女は死を決意したでしょうか。
あなたは、彼女が亡くなるまで看病をして、看取ってあげるべきでした。
あなたが、真摯に看病をする姿を、周りの人は称《たた》えていたのです。
あなたは、自殺をしたいと言っていますが、
介護の努力は他のことにも向けられます。
今後は、彼女の供養をしながら、
彼女に尽くしたのと同じ努力で日々を生きぬいてください。

愛知県瀬戸市の総合病院で、入院中だった61歳の女性を頸部《けいぶ》を切って殺害したとして、嘱託殺人の罪に問われた被告人に対し、2年6カ月の実刑判決を言いわたして。

---

名古屋地裁　天野登喜治裁判長
当時56歳　2007.1.25［説諭］

## 仏頂面の判事が涙をこらえた

天野判事は、いつも眉間《みけん》にシワを寄せており、感情をあらわにすることはありません。世間がイメージする冷徹な裁判官像に近い方です。

被告人は、若いころに泥棒のぬれぎぬを着せられたことから意地になり、50年間シャバと刑務所を往復しました。孤独な彼が60歳を過ぎてようやく心を開いたのが後に被害者となる女性でした。被害者は末期がんに冒されました。

周りから「素敵な夫婦」と称えられるほど誠心誠意介護しました。しかし、末期がんの痛みに耐えられなかった被害者から、殺してほしいと頼まれます。刑務所暮らしが長かった彼は、セカンドオピニオンや緩和ケアを知るはずもなく、自殺を決意して犯行に及びました。

彼は、心中伝説で知られる静岡県の京丸山《きょうまるやま》へと向かいましたが、死にきれずに逮捕されました。公判中も「死にたい」「京丸山へ行きたい」と繰り返しました。

天野判事が、書面まで用意して説諭を行ったのは、初めてだったそうです。「死にたいという気持ちはどうにかならないものか」という一心だったのでしょう。

説諭の後、被告人は弁護人宛てに、自殺を思いとどまったという手紙を書いたそうです。

80

あなたが刑務所にいたと被害者が知って、
どんな気持ちでしょうね。
前の裁判は無意味だったんじゃないか、
というようなこと言われませんでしたか。

酒を飲んだうえで乗用車を運転して、制限速度を50km/h超過で走行して交通事故を起こした、業務上過失致傷と道路交通法違反の裁判で、以前にも交通事故で服役していた被告人に対して。

---

名古屋地裁　野口卓志裁判官
当時42歳　2007.5.31［補充質問］

## 再度実刑を下すしかないけれど……

本件の被告人は40～50代ぐらいの男性で、飲酒して恋人と口論になり、そのままクルマを運転して事故を起こしました。

彼は、「この場だけ事故なく帰れればいい」と考えて、飲酒運転したそうです。飲酒運転しても事故なく帰れるという根拠のない自信があったようです。さらに、恋人と口論していますから、酒に酔った状態で感情的になりやすい傾向があるようです。その状態で運転したら危険であると判断できればいいのですが、犯行当時感情的になっていた彼に、それを求めるのは難しいのかもしれません。クルマの運転に向いていない傾向が見受けられます。

直ちに社会へ戻すのは心配だが、再度の実刑にどのぐらいの効果があるのか……？

裁判官の心中を察すると気が重くなります。

以上、愛知県で生まれたお言葉を、名古屋地裁へと通い詰めている松尾優喜がお伝えしました。

## コラム

## 刑事裁判はこう進む①――冒頭手続き

**①人定質問《じんてい》**……裁判官（裁判長）が被告人に対して、氏名・生年月日・本籍地・現住所・職業を尋ね、正確に答えられるかどうかで、その人物が被告人自身であるか確かめる手続き。ただ、正確に答えられない場合「起訴状には〇〇と書いてありますが、それで聞いておいていいですか」と、裁判官は助け船を出す。なので、人違いやなりすましを識別する機能が、実際にどれだけあるのかは未知数。

**②起訴状の朗読**……「公訴事実！」という掛け声を先頭に、「こいつは、こんなことやりましたよ。悪いヤツでしょ」という検察官の主張が読み上げられる。どんなに長くても、なぜかムリヤリ一文でつなげてあるのが公訴事実の特徴。

ほかに、疑われている犯罪（罪名）と根拠条文（罰条）も示される。法律に書いてある犯罪で起訴されている間は、いちおう日本も法治国家だといえよう。

**③黙秘権の告知**……「言いたくないことは言わなくて構わないし、それで不利に扱うこともないけれども、もし何か発言すれば、あなたにとって有利にも不利にも、裁判の証拠として使います」と、念のため、裁判官から被告人に注意をする。被告人による法廷での発言が、誰からも強制されず、自由な意思のもとになされていることの保障である。

**④罪状認否**……検察官が読み上げた公訴事実（起訴状）の内容に間違いはないか、被告人と弁護人に尋ねる手続き。大半は「間違いありません」と、罪を認めるものだが、もし否認して無罪でも主張したなら、その裁判は少なからずもつれる。この後の証人尋問などで、弁護人から「裁判長！」「異議あり！」などの声が聞こえてくる期待も高まろうというものだ。

# 第4章 社会の巨悪に物申す

飼い犬も、地域社会の一員です。
犬を本当に愛するならば
飼育環境を整えるなど、
飼い主の責任を十分に自覚してほしいと
思います。

飼い犬3匹に予防接種を受けさせなかったとして、狂犬病予防法違反の罪に問われた被告人に対し、求刑どおり罰金20万円と犬3匹の没収を言いわたして(※なお、犬の没収命令の部分については、のちに控訴審で破棄されている)。

---

奈良簡裁 神山義規裁判官
2007.4.9［説諭］

## ご近所迷惑「犬おばさん」の正体

20匹以上いる自宅の飼い犬を、約5年間にわたってほぼ野放し状態にしていた被告人のせいで、近隣住民から「突然かみつかれた」「ふんや尿の悪臭がする」などと苦情が出ていたようです。本件の公訴事実には、狂犬病の予防接種うんぬんとの疑いを持ちこんでいますが、これは深刻な近隣被害を公権的に解決するために編み出された、苦肉の策だったといえます。

被告人は、よりによって元裁判官の弁護士さん。本来であれば逆に、こうしたトラブルの解決をお願いされる立場の人ですね。この件をきっかけに、弁護士業も廃業に追い込まれたそう。

犬は、人間に多くの喜び・癒しを与え、代わりに人間社会の奥深くへもぐりこむことによって、自然界の生存競争を勝ちぬいてきた動物。かわいい見た目とは裏腹に、かなり狡猾《こうかつ》な戦略を採っているといえます。世話を怠り、お犬さまの生存を脅かした人間に対しては、手痛いシッペ返しが待っていると心得たほうがいいのでしょう。

本件の控訴審判決が2007年9月に出ていますが、被告人が出廷しなかったため、高裁の裁判長は「犬の管理はしっかりしてと、弁護人から本人に伝えてください」との間接的な説諭のかたちにするしかなかったようです。伝えたくても伝わらない、この気持ち……。

スポーツは、結果を出すのも大事でしょうが、
周りの人に支えられていることを考えるのも大事です。
優秀な選手が陥りやすいかもしれませんから、
しっかり考えてください。

スキー板を盗んだとして、窃盗の罪に問われた被告人に対して、執行猶予付きの有罪判決を言いわたして。

---

前橋地裁　三上潤裁判官
当時34歳　2007.5.29［説諭］

## アマチュアスポーツ選手の台所事情

被告人は、犯行の前年に国体で8位入賞するなど、アルペン競技において指折りのスキー選手として活躍していたそうです。普段は公立小学校の非常勤講師として働き、スキークラブで子どもたちを指導。その傍らで、みずからの練習にも励んでいたといいますから、アマチュアスポーツ選手としては模範的な人物だと、周囲には映ったことでしょうね。

被告人には余罪がかなりあるようですが、公訴事実は、長野県のスキー場で、練習に来ていた男子高校生の所有するスキー板とストック（計10万円相当）を盗んだ点。「年間に数百万円かかる遠征費用が足りなかったのでネットオークションで転売した」と、動機が明かされています。実業団に所属せずスポンサーも持たないこの選手にとって、最も必要だったのは、周囲の応援の声よりも、目先のお金だったようです。

被害者と同じ高校3年時に、被告人は全国大会で総合優勝したという輝かしい栄光を持っているそうです。彼にとっては、スキーで誰よりも早く滑っている瞬間が、一番興奮できて幸せだったのでしょうが、本件によって少年の夢を砕き、愛するスポーツに自ら泥を塗る結果となってしまいました。

君は
義憤にかられたと言うけれども、
君の犯行でエイズの被害者が喜んだのかどうか
考えてほしい。

薬害エイズ事件で起訴された、安部英《たけし》被告人の罪を審理する刑事裁判の最中、いきなり傍聴席から柵《さく》を乗り越えて、法廷にいた被告人の顔面を殴りつけたとして、傷害の罪に問われた少年に対し、実刑判決を言いわたして。

---

東京地裁 小池勝雅裁判官
当時45歳 1998.9.1［説諭］
→P.194、202

## 被告人席と傍聴人席の危ない位置関係

基本的に出入りが自由な傍聴席ですが、前のほうは低い柵《さく》で区切られています。この柵を勝手に乗り越えただけで、処分は退廷命令で済まないかもしれませんね。法廷の柵というのは、単なる便宜上の区切りではないからです。そこを境に、いわば結界が張られているようなもので、さらに、周りから一段高い場所で、背もたれの大きな椅子に鎮座する裁判官は、さらに別の領域にいらっしゃるような印象を受けます。

とはいえ、すべての人が同じ空間を共有していることも確かです。だって、傍聴席の最前列というのは、柵の向こうにいる看守や被告人の後頭部をひっぱたこうと思えば、座ったままでも十分に可能な位置です。初めて裁判を傍聴する人は、まさに目の前で被告人が手錠をかけられて入廷し、薬物犯罪の審理において白くてヤバイ粉が検察官と裁判官の間で受け渡しされたりする現実を目の当たりにし、身の引き締まる思いをするでしょうね。

外国の法廷では、傍聴人を最前列に座らせない場合もあると聞きます。傍聴できる人数は減りますが、こうした審理妨害を防ぐための緩衝地帯を設けておくのは、ひとつの方法でしょう。

なお、安部被告人の薬害エイズ公判における結末は、158ページ以降をご参照ください。

人間の生命・身体に危険のあることを知りうる
汚染物質の排出については、
企業は経済性を度外視して、
世界最高の技術・知識を動員して
防止措置を講ずべきであり、
そのような措置を怠れば過失を免れないと解すべきである。

三重・四日市市の大気汚染被害を理由にする損害賠償請求訴訟。住民12名が、石油化学工業などを目的に工場を稼働させる6社を相手取り、2億円あまりの連帯支払いを求めた民事裁判で、8800万円あまりの支払いを命じて。

津地裁 四日市支部 米本清裁判長
当時64歳 1972.7.24［判決理由］

## 判決後、記者会見に臨んだ裁判長

「四日市ぜんそく」は、水俣病（熊本）・第二水俣病（新潟）・イタイイタイ病（富山）と並び称される、日本の四大公害病のひとつです。ぜんそくを引き起こす原因は、石油や石炭などの化石燃料を燃やしたときに発生する硫黄《いおう》酸化物（ＳＯｘ）。この硫黄酸化物で覆われた四日市の空は、つねに薄い褐色で、どんよりと汚されていたといわれます。

裁判所は、被告である企業側に極めて厳しい住民勝訴の判決を言いわたしました。各社が操業する工場や火力発電所が時をだいたい同じくして操業を始め、狭い地区に集中し、長期にわたって継続していたなら、互いにまったくの別企業で、たとえ関わり合いがなくても、不法行為の「関連共同性」があると認定したのです。硫黄酸化物の排出量が、各社それぞれを取り出して計測すれば、人体に影響がない少なさだとしても、この関連共同性があれば、他社が出した有毒物質の関係でも、各社が結果責任を負うべきだと結論づけた点が画期的とされました。

行政法学者の綿貫芳源東京大学教授は、法律専門誌「判例時報」のなかで、「当時のアメリカ法よりはるかに被害者に有利なもの」と分析なさっています。

米本判事は、弁護士から裁判官に転身された方。本件を審理するにあたって、被害の実態を把握するために現場へ足を運び、大衆食堂で偶然に会った原告のひとりに「心配せんでもええ」と、声をかけていたそうです。判決後には、なんと記者会見にも臨み「公害は裁判の結果でなくなるものではなく、行政的に解決すべきもの。あくまで判決は警報に過ぎない」と語っておられます。本件を通じて、司法にできることの限界をあらためて痛感なさったのでしょう。公害による健康被害に代わって、近ごろは「食の安全」という問題が大きく取りざたされていますね。消費者をだまして儲《もう》ける一部の食品会社の経営陣に「経済性を度外視し、世界最高の技術・知識を動員すべし」という判決理由の一節を、繰り返し読ませてやりたいものです。

## 「お金ほしさの裁判」と誤解され……

裁判が進んでいる間にも、石油コンビナートは今までどおり稼働し、ぜんそくの原因物質が煙突などから大気中へ散らばり続けていました。原告側は本来、硫黄酸化物の排出源を元から断つような「差し止め」を求めるべきではなかったか、とも考えられます。

しかし、損害賠償をめぐっても厳しい争いが予想されていたのに、当時の日本の経済成長にブレーキをかけかねない差し止め判決まで司法に求めるのは、現実的ではありませんでした。

たしかに司法が差し止めを認めた例（拙著『裁判官の爆笑お言葉集』136ページ）もあるにはありますが、時代が違います。それよりも損害賠償請求のみに絞って、ポイントを明確に提示するほうが得策だと、四日市ぜんそく裁判の弁護団は判断したのかもしれませんね。

ただ、原告となった住民は、ぜんそくの症状を薬で抑えているため、「元気なのに働きもせず」「お金ほしさの裁判」と誤解され、近隣から冷たい目で見られることも多かったようです。公害によるぜんそくだと医者が認定しようとしたところ、ある患者は「そんなみっともない……」と、世間体を気にして拒絶し、まもなく肺の病気で死亡した例も報告されています。「公害に負けない体力づくり」をスローガンに掲げた学校で、ぜんそく児童は、いじめの対象になりました。また、医学の進歩によって、現代では高齢者ならひとつやふたつは持病を抱えているのが当たり前になり、公害被害者に向けられる同情も薄れつつあるという指摘もあります。

この判決がいくら画期的であっても、「お金で弁償」との解決策で終わった事実は、決して見過ごせません。少しイジワルな書き方をすれば、「企業はお金さえ払えば、空気を汚して構わない」とすら解釈できるからです。それでも「経済性を度外視し……」という一節には、差し止め判決に匹敵するほど重い意味が託されている印象を受けます。

これでみそぎが済んだわけではありません。
裁判所からの最終警告が発せられたと
受け止めてください。
国民は、また性懲《しょうこ》りもなく、と思っています。

証券取引法違反(利益追加など)と商法違反(総会屋への利益供与)の罪(※いずれも当時の法律)に問われた、日興証券(現・日興コーディアル証券)の元副社長ら幹部社員4名に執行猶予付きの有罪判決、法人としての日興証券に罰金1000万円の判決を言いわたして。

---

東京地裁 中山隆夫裁判長
当時49歳 1998.9.21 [説諭]
→P.164

われわれだったら、
事件の関係者とは、
コーヒー1杯も飲まないと思うが、
だいぶ感覚が違うのですね。

リクルート事件(労働省ルート)の第3回公判(被告人質問)にて、公務員の立場で民間企業から接待を受けておきながら、全容を淡々と説明する被告人に対して。

---

東京地裁 木口信之裁判官
当時37歳 1989.12.20 [補充質問]

## 東京地検特捜部の執念――日興証券利益供与事件

この証券会社から、高額の利益を受け取ったとの疑惑をかけられた現役の衆議院議員が、逮捕される直前に自殺するという、衝撃の形で追及の幕が上がった本件。「私はもらっていないし、要求もしていない。真実はひとつです」と、無実を主張していたにもかかわらず。

この国会議員は、証券会社全般を監督する大蔵省（現・財務省）に顔が利くとして、自らの権威をアピールし、「相場が悪くても何とか利益を出してくれるでしょう」と要求した疑いがもたれていました。そしてその要求に応じて、議員の株取引口座に約2915万円（余罪を含めると3億円あまり）の利益を付け加えた点について、被告人らの刑事責任が問われたのです。いちおう、株式を介する形にはなっているものの、実質的には政治家へワイロが渡ったのと同じことですよね。

政治腐敗の全容解明に向けられる東京地検特捜部の情熱は、すさまじいものがあります。逮捕や捜索に至るまでに、周辺を徹底的に調べあげ、証拠をほぼ完璧に固めてくるのですから。職務熱心のあまり、行きすぎた見込み捜査が進められてしまうこともありますが、追及の腕はやはり確かで、場合によっては時の内閣をも倒せるほどの強大な力を持っています。特捜部の標的にされた政治家は、少なからぬ怖れを感じるのではないでしょうか。

「被告会社の改革は見せかけのもので、漫然と旧来の悪弊を引き継いだ。再び同じことを繰り返せば、自浄能力なしと思われるだろう」……判決公判で裁判長が投げかけた辛辣《しんらつ》な指摘から10年。「政治とカネ」の問題は、はたして浄化へ向かっているのでしょうか。

## 業界ナンバーワン企業の威光——リクルート事件・労働省ルート

ワイロとは、税務署を通さずに個々の政治家へ納める直接税の一種で……などと、私はたまに冗談で言ったりするんですが、当時のリクルート社と被告人との関係でいえば、それも悪い冗談として成立しないほど。「ワイロ漬け」が、公然の事実としてあった模様です。

１９８０年代後期のバブル景気も手伝って、就職情報誌の出版で大成功を収めたリクルート社でしたが、たとえば清掃員を「クリーンレディ」とするなど、勤務実態を読者にカン違いさせかねない表記が目立ち、政府は業界に対する法規制を検討し始めました。一方で、当時のリクルート社は、就職情報誌の規制に関わる官僚を「ワイロ漬け」にすることで、自分たちに不利な流れを止めようと考えたのです。

労働省（当時）の業務指導課長の立場にあった被告人、最初は「焼き鳥屋に毛の生えた程度」おごってもらっただけだと供述していますが、それも徐々にエスカレート。しまいには、地方の旅館に泊まりがけのゴルフ接待まで受けていたようです。飲食代・送迎費・宿泊費を丸抱えする接待を「あごあしまくら付き」なんて呼びますが、それを地で行っていますよね。被告人は計39回にわたって、約140万円相当の過剰な接待を受けたと認定されました。

「後ろめたいと思っていたら受けていないでしょう。通常のお付き合いと思っていました」

……あまりにもワイロ性に無自覚な被告人の供述からは、「通常」の感覚が完全にマヒしていた様子が窺《うかが》えます。質問を行った右陪席の木口裁判官が驚いたのもムリはありません。

わが国の裁判官は、明治時代から現在まで、継続的なワイロの受け取りが発覚したことがなく、その点で非常に清廉潔白なのは、冒頭の「はじめに」にて述べさせていただいたとおりです。裁判官は何かと異動が多すぎて、ワイロをもらうほど地域に密着できてないだけという見方もできますが、そのあたりの事情を差し引いても素晴らしいことだと思います。

近ごろ、中央官僚を志望する大学新卒者が減っているようです。官僚の不祥事が続いて、あくどいイメージが付きまとい、多忙なわりには実入りが少ないのが人気低調の理由とのこと。しかし、給与や待遇よりも、公のために尽くす使命感を選んだ大半の官僚の皆さんを、私たちが自覚的に支えなきゃ、なんとも気の毒ですね。

## コラム

## 刑事裁判はこう進む②——証拠調べ手続き

**冒頭陳述**……「検察官が証拠により証明しようとする事実は、次に述べるとおりであります」との掛け声を先頭に、前科や前歴をはじめ、最終学歴や職歴、結婚歴などの個人情報を明らかにしつつ、「いかに被告人が悪いヤツか」というアピールが読み上げられる。

この冒頭陳述を聞いて、「事件の一部始終が明らかになった」などと報じるマスメディアも目立つが、立証の手続きはまだ始まっていないため、非常に気が早い報道姿勢といえよう。

たまに、弁護人も冒頭陳述を行う場合があるものの、ふつうは省略される。

**立証**……お互いの主張を、客観的な証拠で裏づけていく手続き。凶器や違法薬物などの現物を証拠として使う「物証」、紙の上に表現された内容を使う「書証」、証人の憶《おぼ》えている内容を使う「人証《にんしよう》」がある。

この段階になって、裁判官はようやく、提出された証拠に触れることが許される。事前になるべく予断や偏見などを抱かないようにするためである。

現在の裁判で、立証のメインは書証だが、裁判員に大量の書証を読んでもらうわけにはいかないため、特に重大な犯罪を裁く刑事裁判では、これから人証を重くみる方向へ移るといわれている。

**被告人質問**……一問一答の形式で、被告人から話を聞く手続き。もちろん黙秘して構わないが、ほとんどの被告人は、たくさんしゃべる。

黙っていることを理由に、裁判所は被告人を不利に扱ったりしないが、事件のすべてを法廷で告白すれば、量刑が有利になる可能性はたしかにあるからだ。ただ、自分をかばうためにウソをついている場合もあるため、検察官や裁判官は証拠と照らし合わせながら、話の矛盾点をあぶり出そうと試みている。

# 第5章　世界の爆笑お言葉集

暗闇のなかで、
ココーテの鳴き声を聞くがいい。
アライグマの姿におののくがいい。
被告人には、
震えながら死んだ子猫たちの不遇を
千分の一でも感じとってほしい。

初冬の公園に10匹以上の子猫を、2度にわたって捨てた被告人に対して、懲役90日の判決を言いわたしたうえで、「子猫を捨てた公園にて、食事も暖もとらずに一晩を過ごすなら刑を減らす」という条件を付けて。

---

アメリカ・オハイオ州
ペインズビル市裁判所
マイケル・チコネッティ裁判官
当時54歳 2005.11.17

## 世界に名だたるチコネッティ判決

かつて、フジテレビの人気番組「トリビアの泉」でも採り上げられたほど、世界的にも広く知られる「ひとこと裁判官」。その名はチコネッティ。

「法廷のトリックスター」「軽犯罪の料理人」との異名を持つ……というより、私が勝手にそう呼びたくなる男、チコネッティ。姓からしてイタリア系の方なのでしょうが、ラテンの魂が息づく大胆かつ繊細な判決を生み出してくださいます。大学では政治学を専攻、29歳のときに法学博士に。いったん弁護士として稼働したあと、43歳で任官しています。かなり手堅くキャリアを重ねておられる方ですが、なかなかどうして、やってくださいます。

チコネッティ判決には「同害報復」と「はずかしめ」が特徴的に含まれています。「同害報復」とは、しでかした結果が自分にも返ってくるようなペナルティを科す、いわゆる「目には目を、歯には歯を」ってやつです。ハムラビ法典ですね。大昔の決まりごとなので野蛮な印象を抱きがちですが、仕返しは、せめて被害と同じレベルまでに留めておくべきだという、それなりに先進的な発想に基づく掟なんです。また、「はずかしめ」は、地域社会から許しをもらうため、ペナルティを受けている様子が一般の住人から見えやすい形をとるという意味です。

＊飼い犬を射殺　↓　安全パトロール犬のコスプレをして、地元の小学校を訪れ、交通安全とドラッグの危険性に関して講習をすれば、刑を減らそう。
＊警察官をブタと侮辱　↓　ブタのそばで「ブタは警察官ではありません」と街頭アピールすれば、刑を減らそう。
＊アダルトビデオを万引きした少年　↓　目隠しを着用し、「邪悪なものを見ません」と書いたプラカードを下げて店の前に立ち続け、かつ、高校を卒業すれば、刑を免除しよう。

今回ご紹介したチコネッティ判決では、飼い猫を公園に捨てた被告人に対し、その公園に一晩いることができれば、刑を軽くするとしています。

冬は昼夜の気温差が激しいオハイオ州。平均気温は11月で5度、12月は0度といいますから、青森とほぼ同じぐらいの寒さで、その季節に野外で夜を明かすというのは過酷ですね。さらに判決では野生のコヨーテやアライグマもいると触れられています。日本では「あらいぐまラスカル」の可愛らしいイメージが強いですが、実際のアライグマは気性のあらい動物でして、アメリカ大陸には狂犬病を持っているのもいますから、怖いといえば怖いわけです。それでも「受刑者」は、非常時に公園側と連絡を取れる態勢にあったり、水を飲むことは許されていたりと、「執行」中の安全策はバッチリとられているようです。

公園で一夜を明かしても、償いはまだ終わりません。この後も、公園への損害賠償金の支払いや、いかなる動物も飼ってはならない義務が課され続けるんですね。その義務を守らなければ、減刑の恩典が取り消されて刑務所行きです。

## アメリカの「社会奉仕命令」は刑罰か？

アメリカの「社会奉仕命令」は、刑罰の一種である場合と、執行猶予の条件である場合の、2種類があります。かりに刑罰の一種ならば、罪刑法定主義という要請がはたらき、どんな行為をしたらどんな処分がくだる可能性があるか、法律で予告しておかねばなりません。よって、法律に従うべき裁判官には、社会奉仕命令を創作する自由はないという結論へ傾きます。

ただ、各種報道や判決文を照らし合わせて判断するに、チコネッティ判決の性格は、執行猶予の条件と考えるのが相当です。そうであれば、それぞれの裁判官の裁量で、どんな条件を付けるか決定できる可能性はありますね。「クリエイティブな司法」というのはワクワクします。

たとえば日本には「人のフリ見て我がフリ直せ」ということわざがあるので、日本の裁判所も被告人に対し、同様の罪を犯した他人の裁判を、何度か傍聴しに行く条件で、執行猶予を付けてみるのはいかがでしょう。

ポルノ写真の類について、
どういうものを「わいせつ物」として規制すべきか、
法で定義して決めるのは難しい。
しかし、見ればすぐにわかる。

アメリカ連邦法の最終上訴審判決において、文書の「わいせつ性」の定義について、どう説明すればいいのか悩んだ末の意見。

---

アメリカ連邦最高裁
ポッター・スチュアート裁判官
当時59歳　1964.6.22

## 「みだりに性欲を刺激」するハードディスク

その国で、何が犯罪となり、どの程度の刑罰が科せられるか、あらかじめ法律の条文にハッキリ書いておかなくてはいけないという建前を、罪刑法定主義といいます。「違法」と「合法」の境界線がボンヤリしていては、私たちは「これやったら捕まるんじゃないか」と、いつもビクビクしながら生活させられるハメになります。逆に違法行為を取り締まる側にとっても、誤認逮捕をして評価が下がったりメディアに叩かれたりしないか、ドキドキしながら職務を遂行しなければならず、厄介《やっかい》です。なので境界線はハッキリと引く必要があります。

しかし、罪刑法定主義には宿命的につきまとう弱点があります。それは、犯罪行為と自由な行為との間に線を引くため、犯罪となる行為を「文章」で表現しなければならないことです。

いやらしい「わいせつ物」なんて、百害あって一利なし！　子どもたちには、刺激が強すぎて見せられないわ！　おぞましい！……そうした声が有権者の一大勢力を占め、彼らの支持を得なければ、次の選挙で落とされるかもしれない議員たちは、「わいせつ物」を法律で規制しようと乗り出すはずです。そして、その罰則を作る際には、罪刑法定主義の要請から、「わいせつ物」とは何なのか、文章で書き示すことを迫られます。

ただ、あんまりリアルに表現してしまうと、刑法の条文そのものが、よい子は読んじゃいけないわいせつ文書になってしまう可能性が生じるでしょう。また、「わいせつ物」の判断基準も、時代によってコロコロ変化してしまうもののようです。なので「わいせつ物」の定義は、どうしてもアイマイなものにならざるをえません。

ちなみに、わが国の最高裁の判例によると、法で規制すべき「わいせつ物」とは「みだりに性欲を興奮、刺激し、普通人の正常な性的羞恥心を害し、善良な性的道義観念に反するもの」なんだそうです。いかがですか。この定義を読んでイメージがつかめますか。

また、コンピュータ上のエッチな画像は、実体がないため「物」とはいえず、「わいせつ物」として規制できないジレンマがあります。そこで日本の最高裁は、なんと画像の入ったハードディスクを「わいせつ物」ということにしてしまいました。あんな機械のどこに性欲をみだりに刺激する要素があるでしょうか。法律学の非科学性にイライラさせられるところです。

さらに厳格なポルノ規制が敷かれており、かつ、ポルノが腹いっぱい溢れているのが、アメリカ合衆国です。本音と建前に引き裂かれた矛盾のレベルときたら、わが国の比ではありません。そして、その矛盾について、判決文で思わずあからさまに吐露されてしまったのが、スチュアート判事のお言葉なのです。けっこう地味にキャリアを重ねてこられた、目立たない裁判官だったようですが、この「ポルノは文章で説明しきれんけど、見りゃわかる」という、身もフタもない愛すべき発言によって、一気に名が知られるようになりました。

## 見たい人、見たくない人、見ちゃいけない人

全国のPTAなどが吊し上げている「子どもに見せたくない粗悪なテレビ番組」を、子どもの時分から浴びるように見てきた私ですが、家族や友人など、身近な環境からの影響を大きく受けている子どもであれば、テレビのインパクトなど軽く笑い飛ばせるはずです。

性犯罪や通り魔事件などで逮捕された被疑者は、しばしばゲームなどの映像作品を「参考にした」などと供述したりしますが、そうした映像作品に影響されるかどうかは、彼ら自身の問題です。むしろ、自分の犯行を他人のせいにしたい気持ちのほうが強いのではないかと思います。

「不健全なことを、空想の中で楽しめるのが大人ってものよ」と語ったのは、女優・杉本彩《あや》さんです。そういった空想の参考資料として「わいせつ物」が売られていて、何が問題なのでしょう。空想と現実をゴッチャにしてしまう子どもにとっては、精神的な毒になることがあろうとも、そうでなければ、「わいせつ物」が薬にもなりうる場合だって多いのです。「わいせつ物」を参考にしたとうそぶく性犯罪者がいる一方で、多数の性犯罪が各自の空想のレベルで抑え込まれている効果も決して無視できないでしょう。

もっとも、実写の児童ポルノは、売り物にされた子ども自身に及ぼされる影響が計り知れま

せんので、そういうものには集中して取り締まりをかけるべきだと考えます。ただ、一般的・網羅的なポルノ規制など、最初からできっこないんですよ。人間の本能に反しますから。

残るは、「わいせつ物」を「見たい人」の立場と、それを「見たくない人」、そもそも「見ちゃいけない子ども」の立場を、いずれも尊重していく工夫に尽きるでしょう。ポルノそのものの根絶は不可能ですが、販売場所や展示場所などを限界ギリギリまで規制することはできるはずです。たとえ「見たい人」であっても、仕事で忙しい最中なのに、家族サービス中なのに、街のそこらじゅうに「わいせつ物」が散在している状況というのは、大きな迷惑ですから。

## 訴訟大国アメリカの複雑な司法制度

まず、法制度そのものが2段階で設けられています。アメリカ全土にわたって広く適用される「連邦法」と、それぞれの州だけで通用する「州法」です。

裁判所も分かれています。連邦法などの問題を取りしきるのが連邦地裁などの第一審であり、判決に不満があれば、さらに上の連邦控訴裁、連邦最高裁の法廷へ持ち込むことができます。

一方で、地方の州に関する問題では、連邦とは別個の裁判所ピラミッドがそれぞれ構築されていて、やはり三審制が取られています。つまり、州の数だけ最高裁判所があるわけです。たとえば、マイケル・チコネッティ氏（↓100ページ）のいるペインズビル市裁判所は、オハイオ州の第一審に相当します。さすがに「訴訟大国」アメリカの司法制度は複雑ですね。

たしかに日本でも、全国一律で適用される「法律」と、それぞれの都道府県・市町村の中だけで通用する「条例」がありますが、いずれのトラブルでも裁判所は共通のものを使います。たとえば、県内だけのローカル裁判所みたいなものはありませんよね。なぜなら、最終的に東京の最高裁まで上告できる道が確保されていないような、完全に独立した裁判所（特別裁判所）を置くことが、日本の憲法では禁じられているからです。

いや、問題は
私がその言葉の意味を知らないということです。
「ウェブサイト」というものが何か、
私にはまるでわからない。

反テロリズム法違反(インターネット上でのテロ行為)の罪に問われた被告人らについて、証拠調べなどの審理を終え、次回公判に判決を出そうという段階になって。

---

イギリス・ロンドン高等裁判所
ピーター・オープンショー裁判官
当時59歳 2007.5.16

## ホワット・イズ・ウェブサイト?

「ウェブ」とは、もともとクモの巣を意味する単語で、「サイト」は敷地ですから、インターネットをまったく知らない方にとっては、ワケのわからない、まるで何かの暗号のように思えたとしても仕方がないところでしょう。

ただ、現代において、インターネットは単なる流行を通り越し、すでに社会に欠かせない生活基盤となっています。パソコンや携帯電話だけでなく、冷蔵庫や電子レンジまでネットにつながる時代に、「あのー、ウェブサイトって、ナニ?」というお言葉は、いくらなんでも。

もしかしたら、知らないフリを決めこんでいるのでしょうか。その人にとってつまらないものに関して、あえて「知らない」という態度を決めこむことは、世の中でしばしば行われている駆け引きのようですから。

では、インターネットやウェブサイトなどが、オープンショー判事にとっては黙殺したくなるほどつまらないものだったのかどうか……。報道によれば、ウェブサイトのほか「フォーラム」だの、判事にとって意味不明の用語が法廷に出てきたため、これでは判決文を書けないということで、やむなく判決期日を延期し、審理を続行するハメになったとのこと。次回の公判に、コンピュータの専門家をわざわざ呼んで、ウェブサイトとは何なのか解説する運びとなってしまいました。どうやら本格的にご存知なかったようです。

ここまでしなくても、近所の本屋にあるインターネットの入門書でも1冊、追加の証拠として申請すればいいような気もしますけど、オープンショー判事は、検事に対して「申し訳ないが、専門家になるべくシンプルに、最も基本的なところから説明してくれるよう頼んでくれないか」と願い出たそう。

わからないところを、そのつど尋ねながら、徹底して理解したかったようですね。でも、すごく正直な方で、好感持てますよ。ミスター・オープンショー！

ウェブサイトを知ったかぶりして、的はずれな判決を出して恥をかくよりマシです。聞くは一時の恥、聞かぬは一生の恥。インターネットを使えなくたって、素晴らしい裁判はできます。はたして、大岡越前がウェブサイトを知っていたでしょうか。大した問題ではありません。

古代ギリシアの哲学者ソクラテスは、「無知の知」を説いたとされます。自分がいかに知らないか、ということを知り、人間の知覚には限界があると悟ることが謙虚さを生むのだと。

## 「テロをあおる文章」を表現する自由

イギリスでは、「首を斬られた人質の写真」や「自動車爆弾の作り方」など、テロをあおるような内容の文章や写真をウェブサイトに載せて一般に公開することが、犯罪として取り締まりを受けるようです。

日本では、ネット空間を使って「テロリスト養成講座」のような内容の文章を公開しても、それだけで処罰されることはありません。憲法で保障された「表現の自由」と、そのような表現が世の中にもたらす「危険性」とを天秤《てんびん》にかけて、前者を優先させているわけです。

日本で可能なのは契約上の解決ですね。インターネット上の場所を提供しているプロバイダなどの業者が、「適切でない」と判断したサイトを削除できるか、あるいは「適切でないサイト」を子どもたちが見られないようなプログラム（フィルタリング・サービス）を提供できるか、といった企業努力の問題です。

また、警察などが「適切でない」とみなしたサイトの削除を、プロバイダに対して命じられるかという、行政的な問題も悩ましいところ。ただ、あくまで表現の自由が前提である以上、命令というより「削除のお願い」という形にならざるをえないでしょう。

モータースポーツは、
必要以上に危険、かつ、
社会的に意義のない活動であり、
環境に対する影響が非常に大きい。

モンツァ・サーキットを走るレーシングカーのエンジン音や排気音が、日常生活に支障をきたす騒音であるとして、近郊の街の住民が訴えた民事訴訟で、静音装置(サイレンサー)を装備していないクルマは、モンツァを走行してはならない旨の判決を出して。

---

イタリア・ミラノ地方裁判所
マルコ・マヌンタ裁判官
2005.11

## モータースポーツに社会的意義なし?

日曜日の深夜、「キュィィィィーン」という金属を切るような高音がテレビから聞こえてくると、なんとなくF1レースを眺める程度の、そんなペーパードライバーの私でも、イタリアといえばユニークな「クルマ文化の国」だというイメージは、かろうじて持っています。問題のモンツァ・サーキットは長い歴史を誇り、しかも直線が多い高速コースなのだそうです。速く走れば走るほど、排気音も大きくなっていくでしょう。

F1マシンの排気音は、約130デシベルに達するといわれ、これは人間の耳で聞こえるギリギリ上限の数値。旅客機の離着陸音を上回り、宇宙ロケットの打ち上げ音に匹敵します。この排気音を「エグゾースト・ノート」と名づけて、その響きに身をゆだねることに快感をおぼえる人もいますが、それは、いわば非日常の歓喜です。あんな音が日常生活に持ち込まれたらたまりませんよ。少なくとも、自宅で心身をリラックスさせることを許してはくれません。本件の原告住民らも「生き地獄」という表現を用いて、サーキット側を糾弾しています。

モータースポーツの伝統と、環境権という新たな概念。ふたつの要請の間でシビアにせめぎあう争い……ではありますが、どうやら担当の裁判官は、前者の伝統にまるで興味がない、いや、むしろお嫌いだった模様です。

住民の訴えを支持する判決理由の中で、「必要以上に危険」「社会的に意義のない活動」と、サックリ切り捨てられてしまったモータースポーツ。この判決によって、排気音の水準を70デシベル以下にしていないクルマは、サーキットを走ることを禁じられました。事実上、F1をはじめとするカーレースが開催できなくなったのです。

それでは「クルマ文化の国」イタリアの沽券《こけん》にかかわると、地元の自治体が働きかけ、翌年の春に、めでたく住民側と和解に達したようですね。コースの周囲に防音壁を設置し、代わりに、年間のうち37日間だけは70デシベルの騒音規制を外す条件で。

そもそも、石油を燃やして動くクルマだから騒々しいのです。停止状態から発進したときの加速性能は、ガソリン車よりも電気自動車のほうが良好だということが知られています。電気自動車は、モーターやバッテリーの物理的な重たさ、一度に走行できる距離の短さが当面の技術的課題といわれていますが、すでに、最高速度が時速300キロを超えるものも開発されていますね。また、電気モーターの動きはコンピュータで制御しやすく、走行を安定させるうえでも有効でしょう。

さらに技術革新が繰り返され、電気で駆動するF1カーのほうが「勝てる」ということになれば、モータースポーツは次第に「静かな戦い」へと変貌していくのかもしれません。ファンの皆さんにとっては、少し興ざめでしょうかね。

世界中の技術者が切磋琢磨《せっさたくま》しながらレースで競い合う過程を経て、走行の効率化・精密化・安全性などが追い求められてきた成果は、私たちが普段利用するクルマ一般の性能も底上げさせてきたのです。この営みは、モータースポーツ界にとって、マヌンタ判事のおっしゃる「社会的な意義」のひとつでもあります。

## イタリア共和国の司法制度

イタリアの司法試験は、大学の法学部を卒業した者だけが受験でき、満30歳を上限とする受験制限があります。合格者は1年間の修習を受け、裁判官を志望した者が最初に就く職場は、簡易裁判所なのだそうです。そうして、わりあい軽微な事案の審理を2年間務めた後、最高司法会議の審査の上で、はじめて地方裁判所の判事に昇進するとのこと。

日本における裁判官のキャリアは、まず地方裁判所の判事補から始まります。簡易裁判所の判事というのは、満65歳の定年を迎えられた後の裁判官や、ベテラン書記官、検察事務官などの皆さんが、あらためて転身して来られる領域ですから、若手の人は見あたりませんね。

別にどちらが良くてどちらが悪いということでもなく、日本とイタリアとでは「ただ違う」というわけなのです。

「チャサル」（自殺）という言葉を
10回言ってみなさい。
被告人は「チャサル」と言うが、
私たちには「サルチャ」（生きよう）と聞こえる。
死ななければならない理由を、生きなければならない理由に、
新しく思い直して生きていくようにしなさい。

借金に悩んで自らの命を絶つため、宿泊中の旅館に火を付けようとして、現住建造物放火未遂の罪に問われた被告人に、執行猶予付きの有罪判決を言いわたして。

---

韓国・チャンウォン地方法院
ムン・ヒョンベ裁判長
2007.2

## 美しすぎる韓流ダジャレ

日本語だと「ジサツ」と何回となえても、残念ながら何も生まれてきませんね……。サツジ？　ツジサ？

この美しすぎる韓流ダジャレがひらめいたとき、ムン判事は「これは使える！」と、心ひそかに喜ばれたのではないでしょうか。ここまで気の利いた説諭なんて、事前に用意していなけりゃ、とても言えるものではないはずですから。

ただ、そのダジャレを言いたいがために「はやく自殺を志願する被告人が来ないだろうか」と待ち望んでいたとしたら、そんな裁判官は、かなり物騒ですけれども。

もっとも、私がこれまでご紹介させていただいた裁判官のお言葉の中には、あらかじめ「被告人に向けてこう言おう」と、セリフを用意しておられた説諭が、かなりの割合を占めるような気がいたします。その場では思いつけないような名セリフも多いですよね。いつか、そのあたりの真相を「ひとこと裁判官」の皆さんに直接お尋ねすることができればなと願っていますが。

さらにムン判事は、『生きているうちに、必ずしなければならない49のこと』と題する本を被告人に手わたしたとのこと。なんでも、中国の作家によるエッセイなんだそうです。日本でいえば、中谷彰宏さんみたいな方でしょうか。

## 借金ごときで死んではいけない

いわゆる先進国などと呼ばれる欧米諸国に比べると、一定人口あたりの自殺率が異様に高いことで知られる日本。そして、韓国の自殺率は、それに次ぐ高さを示します。

病苦、生活苦、いじめ、将来への漠然とした不安などのほか、借りた金を返済できないなどの経済的理由を苦に命を絶ってしまう人々が、依然として多いようですね。社長が経営判断を誤って会社を倒産させてしまう場合に加え、プライベートな浪費で膨れあがった借金というのも深刻な問題といえます。本件の被告人も、浪費型の借金を作って悩んでいたそう。

もちろん「借りたら返す」という約束を守るのは大前提で、約束を破るような人間が罪深いのも確かです。しかし、返ってくる見込みがないのに貸した人間にも責任がありますし、抜け目ない貸し主は、金が回収できないかもしれないリスクを負うぶん、利息をたっぷり取っているものです。もし、借りた側が命を落としても、貸し主は後を追って死んだりはしません。いくら借金の滞納が「罪深い」とはいえ、これは十分に償える「罪」なのです。

どんな理由があろうと、お金ごときで死ぬのはバカバカしい。手も足も出なくなったら、思い切って自己破産して免責を受け、見苦しく生き抜くしかないわけですが、特に浪費型の借金をチャラにすることに対する世間の風当たりは、まだまだ強烈です。免責を何度も受ける、厚かましい借り手が一部にいるためですが、韓国でも似たような状況にあるのかもしれません。

## 大韓民国の司法制度

裁判所の内部は、日本やイタリアと同じくキャリアシステム。10年ごとの再任制で、若いころから定年まで裁判官ひとすじという方がほとんどのようです。

また、日本でいう知的財産高等裁判所（東京）にあたる「特許法院」が設置されているほか、行政訴訟（国や地方自治体を相手取る裁判）の第一審を受け持つ「行政法院」や、憲法に関する訴訟などを受け持つ「憲法裁判所」など、日本にはない専門的な機能を備える裁判所が設けられています。

韓国では、刑罰の執行猶予に「社会奉仕命令」や「更生講座の受講命令」といったものが付けられる場合があります。この制度は、1995年から導入されているとのこと。2008年現在、ようやく社会奉仕命令を導入する方針だけ決めた日本は、モタモタしすぎですな。

コラム

## 刑事裁判はこう進む③——供述調書をめぐる攻防

証拠というのは、好き勝手に法廷へ出せるわけではない。特に書証は、「提出して構いません」とする相手方の「同意」が基本的に必要である。

被疑者らが密室で話したことを警察官や検察官が記録した「供述調書」なんて、本当に言ったとおりの内容で書かれているのか定かでない。あの手この手で脅したり、長々と取り調べて疲れさせ、ムリヤリ犯行の自白を引き出している可能性も捨てきれない。

そこで、特に否認事件での弁護人は、供述調書の「不同意」を宣言するのがスジだといえる。そうなれば検察官は、調書の提出をやめにする（撤回）か、それともその調書を作った人間を証人として法廷に連れてきて、当時の取り調べ状況について実際に話を聞くか、決めることになる。

ただし、警察官や検察官が作った書証は信用性が高いとして、特別扱いにする規定も刑事訴訟法に存在する。法廷で「321条1項○号」だの「322条1項」だの言われるものだが、これらにあてはまる供述調書なら、たとえ弁護人が不同意にしても、検察官はゴリ押しで裁判所に提出できてしまう。そうすると弁護人としては、それらの調書が特別規定の条文にあてはまらないと主張し、「とにかく取り調べ官をここに連れてこい」と応戦することになる。

また、目撃者や被害者などを証人として尋問している最中に、相手方から「異議」が出される場合がある。質問者が欲しい答えにムリヤリ導こうとする誘導尋問や、証人の記憶に基づかない発言（個人的な意見や考えなど）を求める尋問、同じことを繰り返し聞く尋問などは法令で禁止されているため、答えが裁判官の耳に届く前にストップさせなければならない。

傍聴人の皆さんにも、こうした法律家同士の争いに少しでも耳を傾けてもらえれば、また違った見方ができるのではないかと思う次第である。

# 第6章 反省の見分け方、教えます

# 本当は、人に迷惑をかけずに生きていきたいんでしょ。

強盗の罪に問われた被告人に対して、執行猶予付きの有罪判決を言いわたして。

---

名古屋地裁　近藤宏子裁判官
当時47歳　2007.10.30［説諭］
→P.70

## 「反省してます」「二度としません」の嵐

地下鉄の車内で女性のカバンを盗んだという、30代の会社員の男の裁判を東京地裁で傍聴しました。駅員に取り押さえられたときに大声を上げて暴れ、柔道技までかけたそうですから、強盗罪で起訴されていてもおかしくないほど悪質なコソドロです。

パリッとスーツ姿で在廷し、判決前の最終陳述では「反省しております！　どうか私に今一度の、再出発のチャンスをくださってもいいのではないかと思います！」と、震える涙声で訴え、行儀よく頭を下げていました。

「あなたの法廷での発言を信用します」と裁判長が告げ、希望どおりに執行猶予付きの判決を獲得した被告人。しかし、直後に廊下で、そいつが裁判官に対する悪口やら、担当弁護人に向かってエラそうな口を叩いているのを、私はたまたま目撃してしまい、なんともガッカリ。

あのですね、「反省メーター」みたいなものがほしいですね。その人がどれだけ反省しているのかの度合いを、客観的に数値化してくれる装置です。これを活用すれば「被告人作成の反省文において、その文面には60ハンセイを超える真摯な反省が示されております」なんて、弁護人の主張にも説得力が生まれますよ。「詐欺だから、75ハンセイは欲しいところだ」「あと8ハンセイ足りない」など、誰の目にもハッキリした謝罪・更生の計画が立てられますね。

そんな寝言も書きたくなるほど、刑事法廷で飛び交う「反省してます」「申し訳ありません」「二度としません」などの言葉は、まるで実体を欠いたもののように思えてしまいます。

## 名古屋地裁のクールビューティー

実家の母親から見放される形で、福岡から横浜の祖母宅へ。しかし、祖母にも受け入れを拒まれ、名古屋で3カ月ほどホームレス生活を送っていたという22歳の女。真夏に路上で倒れて、警察に保護されるなど、体力的にも経済的にも追いつめられていました。

コンビニで店員にハサミをちらつかせ、5万円余りを奪った動機については「ネコと暮らす部屋を借りるため」と供述しています。その話が本当だとして、名古屋でペット可の賃貸アパートを借りるための初期費用ともなると、かなりまとまった額が必要ですよ。あと何件の盗みを繰り返す気だったのでしょう。そもそも、お金さえ足りれば部屋を貸してくれるとでも思っていたのでしょうか。

年齢だけが成人で、あまりにも世間を知らなすぎた被告人ですが、裏を返せば、惰性で道を踏み外した非行少年にも匹敵するほど、立ち直りの余地、伸びしろが大いにあると、近藤裁判官は考えたのだと思います。そして「悔しくても、親に頼らなきゃ。頼りたくないなら、自分で生きていくしかない」と、時間をかけて説諭をなさったようです。

女優の小雪さんに近い雰囲気をまとった近藤判事は、名古屋地裁のクールビューティーといった印象。その訴訟指揮はだいぶ厳しめですが、本件での説諭のように、優しいお言葉をかけることもあるんですね。ちなみに、松尾さん（↓61ページ〜）は近藤判事のファンでして、同判事が登場なさる法廷へは頻繁に通いつめているそうですけれど、彼が心奪われてしまうのも十分わかります。

判決を受けて、更生保護施設に入った被告人ですが、すぐに抜け出し、やがて知り合った男性のもとで生活を始めたようです。結局は、その男性にも逃げられ、ふたたびコンビニでの万引きに手を染めてしまった彼女に、司法からの2度目の温情は当然ありませんでした。

仕方ないですね。両親から教わらなかった「生きる力」を、刑務所で身につけてもらうしかないのかもしれません。居心地のいい環境は、自分の力で手に入れなければ自信がつきませんし、状況を打開するには、まず自分が変わるしかありません。それが一番難しいんですが。

「刑務所に入れば、人生の可能性が狭まります」と投げかけた近藤判事の警告は、今回届きませんでしたが、これからも意欲的に被告人を諭しつづけていただきたいものです。

話していると、しらふの状態のあなたは、
いい人だとわかる。
後悔していることでしょう。
そんなあなたでも、こんな事件を起こしてしまう。
飲酒運転はいかんということ、わかりますね。

危険運転致傷と道路交通法違反（ひき逃げ）の罪に問われた被告人に対して、執行猶予付きの有罪判決を言いわたして。

---

徳島地裁　杉村鎮右《まさあき》裁判官
2006.10.13［説諭］

## しらふでどんなにマジメでも

私が徳島地裁に通ったのは、のべ計5日間ですが、杉村裁判官は、法廷であんまり必要以上のことをしゃべらないタイプの方とお見受けしますね。それが実際に傍聴を続けての感想です。物腰が柔らかいというより、毅然として審理に臨んでおられる印象ですが、法廷で語られた内容に耳を傾ける姿勢は真剣そのものといえます。

ある日曜日のこと。知人宅にクルマを乗りつけて酒盛りし、夕方の早い段階ですっかり出来上がってしまったという被告人。知人が運転代行業者を呼んでくれていたのに、構わずに自分のクルマを運転して帰ってしまったのだから大変です。

「スピードと車間距離さえ気をつけてりゃ大丈夫だから」……きっと、飲むと気が大きくなるタイプなのでしょう。やがて国道の交差点で乗用車に追突、運転手に頸椎《けいつい》ねんざを負わせ、なのに救護義務を果たさず逃走してしまいます。

この被告人、しらふでは、いたってマジメな人柄というわけですから、「アルコールの影響により」その人身事故を引き起こしたと、危険運転致傷罪の成立条件をかえって認めやすくなってしまうのが、なんとも皮肉なものです。

19件を詳しく読み上げるのは、いささか戸惑いがあり、つらいが、被害者の傷に比べたら比較になりません。改めて被害者の傷の深さを自覚してほしいと思います。懲役12年の刑事的な責任を果たすだけで、あなたの罪がすべて償われたことにはなりません。

女子中学生・高校生ら19人に対する強制わいせつの罪(1件の致傷、5件の未遂を含む)に問われた被告人に対して、懲役12年の判決を言いわたして。

---

横浜地裁　志田洋裁判長
当時52歳　2002.1.29［説諭］

いつか社会復帰すると、楽しいこともあると思います。ただ、亡くなったふたりはもう、そのような思いを味わうことができないということを考えてください。

業務上過失致死傷と道交法違反(酒気帯び運転)の罪に問われた被告人に対して、懲役4年6カ月を言いわたして。

---

静岡地裁浜松支部　志田洋裁判官
当時56歳　2006.4.26［説諭］

## ロリコン男は現役警官だった！――横浜地裁のケース

「駅までは、どう行けばいいのですか」と声をかけ、人気のない雑居ビルの空き部屋に女性を誘い込み、「騒ぐと殺すぞ」などと脅したうえで身体を触ったという28歳の男。人の親切心に付け込んだ卑劣な犯行です。しかも、制服を着た少女ばかりに狙いをつけるという、ロリコン野郎の悲しい暴走でした。

いや、たしかに素晴らしいですよ。女子中高生というのは。私も司法試験で浪人をしていた時代、学習塾で中学生を相手に教えていました。「元気いいなぁ」「かわいいこと言うなぁ」とか「生意気やなぁ」とか。……ただ、そこから何をどうしようとか思いようがないでしょう。子どもなんですから。だいたい、彼女らの保護者の存在を気にしなけりゃウソです。

結果、女子中学生10人、女子高校生8人と21歳の女性会社員、計19人が性犯罪の被害を受けたとして、男は起訴されました。本当は、あとひとりの少女も被害を受けていたのですが、告訴状が出ていなかったため、立件が見送られたようです。

約1年半にわたって20人が被害に遭っても、男が野放しとなっていた事実も衝撃ですが、さらに衝撃的なのは、このロリコン男が現役の警察官だったこと。神奈川県警の本部長らによる覚せい剤もみ消しなどが起こり（拙著『裁判官の爆笑お言葉集』80ページ）、同県警の信頼が地に墜ちていた矢先に発覚した本件は、まさに泣きっ面にスズメバチ。致命的であります。

公判廷で審理が始まり、検察官が、被害者の供述を録取した調書を読みあげます。男性恐怖症に陥って「うちのお兄ちゃんも怖くなった」と嘆く中学生。将来好きな男の人ができても、ずっと秘密にしなければならないことができたと覚悟した高校生。事件の日から不登校となり、やがて高校を辞めざるをえなくなった被害者もいたといいます。

そして、志田裁判長は判決理由のなかで、それぞれの被害の状況を具体的に述べていったのです。被害者の存在を肌で感じさせ、単に一時の快楽のために行った自らの犯行の愚かさを客観的に見つめ直すよう願っての試みでしょう。「警官を志したときの気持ちを取り戻してほしい」と被告人に説諭し、判決の言いわたしを締めくくりました。

なお、東京高裁は、懲役12年という量刑が軽すぎるとしてこの判決を破棄、あらためて懲役14年を言いわたしています。

## 発泡酒3本、日本酒5杯の「過失」——静岡地裁浜松支部のケース

被告人は500ミリリットル缶の発泡酒を3本、日本酒をコップ5杯相当など、かなりの酒気を帯びながらクルマを運転、前車を追い越そうと反対車線にはみ出し、時速120キロの猛スピードで対向車と衝突。乗っていた男性を死亡させる事故を起こしました。検察官の主張で

は「同乗していた助手席の女性に格好いいところを見せようと考えて」アクセルを踏み込んだということですが、衝突によって、その女性も死亡しています。しかも、その区間の道路は「追い越し禁止」と指示されていました。

当時、すでに危険運転致死傷罪の規定は施行されていました。これだけのことをしでかした運転が、なぜ「危険運転」でなく「過失」という認定になったのか。その理由は、危険運転といえるための成立条件が非常に厳しい点にあります。危険運転致死傷の最高刑が、業務上過失致死傷のそれの4倍に設定されていることから、バランスをとるために厳格な条件が付いているのですが、たとえ酒を飲んで猛スピードで暴走していても、その事実だけで危険運転と認定できないようにもなっているのです。

この問題点については、また改めて検証してまいりますが、裁判官による説諭が、被告人の背負うべき重たい「十字架」の存在を実感させるお言葉であったことは疑いありません。

あなたの中に
温かな感情が残っているのなら、
それを呼び起こして、
遺族の方々の悲嘆、苦痛の
万分の一でも感じるようになってほしいと思います。

マンションに侵入し、見ず知らずの姉妹を殺害し、金を奪い、部屋に火を放ったとして、強盗殺人、現住建造物放火の罪に問われた被告人に対して、死刑判決を言いわたして。

---

大阪地裁　並木正男裁判長
当時54歳　2006.12.13［説諭］

## 少年院出所後に2度目の殺人

被告人は小学校時代に父を亡くしており、やがて、同級生からいじめを受けて不登校に。16歳のころには、わが子のためにパートで働きづめだった母親を金属バットで撲殺し、少年院に送られています。

その凶行の動機については「借金の使い道を教えてくれなかったから」「父親のことを愚痴ったから」「自分の交際相手に勝手に無言電話をかけたから」など、肉親を手にかける理由としてはまったく釣り合わない内容が語られました。

父親も母親も家におらず、学校でも居場所を失い、世の中に反発したい彼の気持ちが、母親の殺害という形で現れてしまったのでしょうか。少年が成長する過程で得られなかった愛情を補って、前向きに生きる意欲を育むのが、少年院の役割といえます。

しかし、はたして「愛情の不足」だけで原因を説明できるような犯行なのでしょうか。現在では少年法が改正され、16歳以上の少年が犯罪で人を死なせた場合、原則として通常の刑事裁判にかけられますが、もし、刑務所に送られていれば、彼は立ち直れたのでしょうか。

母親を殺害する最中に、彼はなんと「性的な快感」を覚えていたとも話しているんです。その供述どおり、快感を得たいがための犯行とすれば、「とにかく母親のせい」として並べられた数々の動機は、もしかしたら単なるカモフラージュに過ぎなかったのかもしれません。

ボウリングのピンを10本すべて倒すことに成功したら嬉しかったり、モノに八つ当たりしてスッキリする人もいるように（行儀は悪いですが）、私たちは破壊行動から快感を得る場合があります。他方で、新しいモノを創る快感というのもあります。ただ、著者の個人的な感覚で言わせてもらうと、創る快感は壊す快感と根っこが同じような気もしますね。モノを創るということは、そのモノが存在しなかった状況をあえて壊す、という意味合いも含まれますから。

殺すことが性的な快感に結びつくとは、いったいどういうことでしょう。たとえば、憧れの女子に向かって「ブス！　ブス！」と心にもないことを言ってみたり、彼女が給食の牛乳を飲んでいるときに、ふざけて笑わせようとするとか、そんな男子のサガである「ちょっかい」が、彼においては恐ろしく歪んだ形で発現していたのでしょうか。それにしても、実の母親に向けられる性的な衝動というのは……少なくとも常識では汲《く》み取りがたいところです。

**「最近、僕の記事が出てないけど……」**

少年院での心理テストによると、彼は対人関係を築くのが困難な「発達障害」と指摘されていたそうです。発達障害とは、脳など身体の働きに生まれつき支障があることを意味します。

そういえば、性的な衝動と破壊の衝動は、脳の中でも近いところで作用するらしいと聞きますし、もしかしたら、彼のなかでは性的衝動と破壊衝動が機能的に区別されておらず、ゴチャ混ぜでうごめいていたのかもしれません。

となると、「教育」の場である少年院で手を尽くせる範疇《はんちゅう》を超えており、むしろ精神医学の領域における「治療」の対象にすべきだったのではないか、という異論もありえます。

実の母親を殺害してから5年後、今回のような見ず知らずの女性ふたりを殺害した被告人自身に、最大の責任が問われるべきことは確かですが、その少年時代に、彼を医療少年院でなく、通常の少年院に送れば足りると判断した家庭裁判所の裁判官にも、責任の一端があったことは決して否定できないように思います。

「最近は新聞に僕の記事が出てないけど、世間はどう思っているのだろうか」と話すなど、その取り返しの付かない犯行を、まるで自己の存在を確認する営みだと意味づけているようにも見える被告人。そんな自分本位な心にも、並木裁判長の語りかけたお言葉が染み入り、大きな位置を占め、その命が尽きる日まで少しでもその影響が残っていくことを祈るばかりです。

「人間でなかった」とか、
そんな便利な言葉でなくて、
自分の言葉で答えてみなさい。

栃木県で起こったリンチ殺害事件の控訴審。主犯格とされ、殺人と死体遺棄の罪に問われた当時19歳の少年が被告人質問で、共犯者にリンチを指示した理由を答えた際に。

---

東京高裁　仁田《につた》陸郎《むつお》裁判長
当時58歳　2000.12.13［補充質問］
→P.172

君たちの行った行為は人間の行いとはいえないが、
君たちが人間でないとは思いません。
更生可能と考えました。

名古屋港リンチ殺人事件で、殺人などの罪に問われた19歳の少年3人に、懲役5〜10年などの不定期刑（実刑）を言いわたして。

---

名古屋地裁　岡村稔裁判長
当時50歳　1994.11.1［説諭］
（→P.102、142）

## 「15年の時効を逃げ切ろう」――栃木リンチ殺人事件

当時は「栃木リンチ殺人事件」の通称で、地元警察署の捜査怠慢に対する批判などとあいまって、大きく報道された事件です。ご記憶の方も多いことでしょう。

被告人ら少年4人は、被害者の男性を殺害するまでの約2カ月間にわたり、ホテルを転々としながら監禁しつづけ、「熱湯コマーシャル」「火炎放射器」などと連中が名づけた凄惨《せいさん》なリンチを加えていたようです。彼らがいうところの「熱湯コマーシャル」とは、浴室のシャワーで最高温度の熱湯をかけるもので、「火炎放射器」とは、殺虫剤のスプレーに点火し、その炎を浴びせかけるリンチとのこと。さらには、消費者金融などから借金させ、700万円あまりを脅し取っていたとされます。

殺害の当日は、山中に穴を掘り、セメントをこね、死体遺棄の準備作業を行っています。その後、被告人は「ちゃっちゃとやってこい」と、他の少年らに殺害を命令。全裸にした被害者の首にネクタイを巻きつけ、ふたりで両端を全力で引っ張って窒息死させたのです。

完全に計画された一連の犯行を終えた夜、被告人らは「15年の時効（※現在は25年に改正）を逃げ切ろう」などと話し合い、「追悼花火」と称して花火遊びに興じました。

以上のように認定された事実から、仁田裁判長ら3人の裁判官は、リーダー格の被告人に対して一審判決が言いわたした無期懲役刑を支持しています。

## かつて遊び友達だった同級生が──名古屋港リンチ殺人事件

被告人の少年らと被害者は、高校の同級生で遊び友達だったようですが、高校を卒業したころから仲が悪くなり、少年らは「あいつにヤキをいれてやろう」と話していたとのこと。

そんなとき、当時大人気を博したプロサッカー「Jリーグ」の観戦チケット4枚が、別の同級生宅で紛失する事件が起こります。少年3人が、さらに別の友人を名指しして、「あいつが盗んだんだ」と疑い、それに対して、被害者がその友人をかばうような発言をしたことが、リンチの引き金となったようです。

少年3人は被害者を深夜に呼び出し、電柱に縛りつけ、草刈りガマで全身を殴打。さらに埠《ふ》頭《とう》に連れ出して暴行を続けたあと、海に突き落とし、岸壁につかまる被害者の顔めがけて角材などを投げつけた末に殺害しています。

結局、Jリーグのチケットは、その少年3人が盗んだと認定されました。

## 「非人間的な人間」の更生可能性

「てめぇらぁ、人間じゃあねぇ！　たたっ斬ってやるぁぁ！」……という決め文句の時代劇が、昔あったような気がいたしますね。

幸い、現代の裁判官は、目の前の被告人が「人間でない」からといって、その場でバサバサ斬って捨てるほど大胆ではありません。特に被告人が少年の場合には、重大な結果を引き起こした本人自身の問題に加えて、育ててきた保護者の監督責任も無視できないのです。また、周囲の働きかけによって更生できる可能性が、成人よりも高いと考えられていますから、どのような罰を加えるべきかについて、裁判官は慎重に探っていく必要があるのでしょう。「あのときは人間じゃなかった」という被告人の弁を聞いて、仁田裁判長は直感的に「反省が足りない」と気づかれたのだと思われます。犯行当時と現在を安易に切り離して話す被告人を諭し、自分自身のやった犯行と、真剣に向き合わせようとしたのです。

無期懲役の求刑に対し「被害者のおぼれる様子を見て、海に飛び込み、救助を試みている」ことを重視し、少年らの刑を軽くした岡村裁判長はじめ3人の裁判官。罪を憎んで人を憎まず。その温情に応え、少年らは取り返しのつかない罪を背負いつつも、前を向いて生きていかなければなりません。

被告人、いやここでは被告人と言うに忍びず、
吉田翁《おう》と呼ぼう。
我々の先輩が翁に対して冒した過誤をひたすら陳謝するとともに、
実に半世紀の久しきにわたり
よくあらゆる迫害に耐え自己の無実を叫び続けてきた
その崇高なる態度、その不撓不屈《ふとうふくつ》の正に驚嘆すべき
たぐいなき精神力、生命力に対し深甚なる敬意を表しつつ
翁の余生に幸多からんことを祈念する次第である。

強盗殺人の罪に問われ、無期懲役刑が確定した元被告人が、服役後に起こした再審の判決公判にて、無罪判決を言いわたして。裁判長を含め3人の裁判官は立ち上がり、被告人席に向かって頭を下げたと伝えられている。

名古屋高裁　小林登一《といち》裁判長
1963.2.28［判決理由］

## 「昭和の巌窟王」と呼ばれた闘士

1913（大正2）年の夏、名古屋で起こった殺人事件。被疑者として浮上した20代の男ふたりは、自分たちの罪を軽くしようと、職場仲間だった吉田石松さんを主犯に仕立てあげたのです。

間もなく逮捕されるも、警察による連日の拷問に屈せず、自分のしわざではないと一貫して訴え続けた吉田氏。しかし、司法への期待も空しく、大審院（現在の最高裁判所）で確定したのは、無期懲役という有罪判決でした。引き続き、2度の再審請求と5度の法務大臣請願を行い、獄中でつねに無実を主張し続けた吉田氏は、刑務所内での作業も拒否していたため、むち打ちや食事減らしなど、計53回にのぼる懲罰を受けたと伝えられています。

仮出獄の後は、自分に罪をなすりつけたふたりの居場所を突き止め、彼らから詫び状もとったのですが、この詫び状を「新証拠」とした3回目の再審請求も棄却されてしまいました。

それでも吉田氏は決してあきらめず、ついには天皇陛下への直訴にまで及ぶことに。その型破りな行動力が世間の注目を集めるところとなり、日本弁護士連合会や衆議院法務委員会も重い腰をあげて動き出します。そして、ようやく最高裁で再審開始が決まったのです。すでに事件から半世紀が経とうとしていました。

この再審請求を担当していた弁護士のひとりは、当時まだ新人で、膨大な量の裁判記録を2カ月かけてじっくり検討したそうです。その結果を「再審での逆転無罪は難しい」と先輩弁護士に報告したところ、「情熱と努力が足りない。考え方が浅すぎる」と、厳しく叱責されたとのこと。その新人弁護士の名は遠藤光男。のちの最高裁判所判事です。

## 裁判官が被告人席に頭を下げた

本件の取り調べをめぐっては、被疑者らの供述調書がほとんど見あたらない点が、ずっと奇妙に思われていました。しかし、再審が動き出したのを機に、検察が本気で捜索したところ、ちゃんと調書は見つかったのです。逮捕直後のふたりの被疑者が、自分たちだけで行った犯行だと認めた内容でした。吉田氏が犯行と関係ない事実を公証する書類が出てきたことから、再審は急ピッチで進められ、開始決定からわずか4カ月足らずで無罪判決が出されたのです。

無罪判決を言いわたす裁判官は、通常は法壇の上から被告人に対して「ご苦労をかけました」「気の毒でした」など、一定の距離を取った言葉をかけるものですが、この小林裁判長はじめ3人の裁判官は違いました。誤判を繰り返した大先輩の犯した過ちを、あえて自らの過ちとして真摯に受け止め、謝罪を行ったのです。ちなみに「翁」とは、男性のお年寄りへの敬称です。

このような裁判官の謝罪は極めて異例なこと。なぜ多くの裁判官は、間違いを正面から認めないのでしょうか。誤判の法的責任は取らなくていいんだから、せめて謝罪のひとことぐらいあってもいいはずです。テレビのお天気キャスターだって、予報が外れたら謝ってるじゃないですか。

ついに、いわれなき罪から解放された吉田翁ですが、残念ながらこの無罪判決から9カ月後、老衰により静かに息を引き取りました。司法判断には逆らえても、自然の死期には逆らえず。運命はときに残酷なものです。

この判決公判では、特別に3台のテレビカメラが据えつけられ、開廷前の3分間に限り、法廷の生中継が認められました。現在の運用は開廷前2分間、しかも録画のみですから、憲法で認められているはずの裁判公開原則が、むしろ当時より後退している印象ですね。

銅像よりも動かない裁判官の姿を撮るのなら、動画でなく写真で十分です。国会の証人喚問や皇室の行事の場にもテレビカメラが入る時代に、どうして裁判所の法廷だけが、いまだに形式的な公開しかできないのか。そろそろ真剣に考え直すべきときに来ています。一般的な会社勤めの社会人にとって、法廷が開かれている平日の昼間に裁判所へ足を運ぶのは難しいのですから、テレビで裁判の放送があるといいですよね。民放の地上波だと、裁判放送中にCMが入ってしまうので、不謹慎な雰囲気になってしまいますが、たとえばCSの有料放送に「裁判専門チャンネル」を作ってみるのも、ひとつの方法かもしれません。もちろんNHKでもいいのですが。

## 吉田翁が眠る場所へ行ってみました

栃木県小山市。東北新幹線が止まるJR小山駅の周辺は開発が進んでいますが、少し郊外へ歩みを進めれば、のどかな田園風景が広がります。完全に物流目的で作られたとおぼしき幹線道路には、貨物トラックばかりが通りすぎ、果てしなく続く歩道では誰ひとりともすれ違わない、寂しくも気楽な状況。歩き疲れても、こんな物流道路みたいなところを、タクシーが流しているわけもなく。足の痛みをガマンして、駅から歩くこと2時間近く。田んぼの隅にある墓地に、大きくて素朴な石碑を見つけました。

中央には『吉田石松翁之碑』と彫られ、その脇には『人権の神ここに眠る』とあります。戦前から30年間にわたり、吉田翁を支援してきた都新聞（現在の東京新聞）の青山与平記者が刻んだ文字だということです。

「眠る」……ということは、やはりお墓なのでしょうか。線香の一本も持ち合わせずに失礼しました。そんな私にはご冥福を祈り、手を合わせることしかできません。どうか安らかに。

石碑の裏にまわると、さらに詳細な事実が彫り込まれていました。

大正二年八月十三日の強盗殺人事件において、真犯人の偽証のため、逮捕され、残虐きわまる拷問をうけたるも屈せず、終始犯行を否認す。しかし、その甲斐もなく無期懲役の刑確定して入獄。在監中囚人に非ずと主張して労務を拒否し、五十三回もの懲罰を受く。再審請願を繰返したるも容れられず。五十才にして初めて文字を習い、精魂こめた手記を以て各方面に無実を訴う。犯行闘争二十二年の後、仮出所。報道関係者の協力により、偽証した犯人の行方を突止めて詫び状をとり、それを証拠としての再審の請求数回、いずれも棄却さる。万策つきはて、最後の悲願を日本弁護士連合会人権擁護委員会の援助に求む。かくて遂に、昭和三十八年二月二十八日完全無罪の判決をうけ、雪冤の目的をとげて天日を仰ぐ。その間実に半世紀、人よんで「昭和のがんくつ王」という。

名もなき硝子工場の一介の職工でありながら、権力者の重圧に敢然として抵抗、自己の尊厳を護り抜いた吉田石松翁の崇高にして毅然たる態度と不撓不屈の驚嘆すべきその精神力は、わが国の人権史上永遠に輝くであろう。

行年八十四才

昭和三十九年十二月一日　弁護士　後藤信夫撰書

## コラム

# あの人、何してるの？

**書記官**……裁判官の一段下に座り、黒い法服をまとい、パソコンや録音テープで裁判の様子を公的に記録する人。法律や判例を十分にマスターしており、裁判のスケジュールを管理する役割もある。書記官が法廷にいないのに裁判を始めることは、法律上許されない。

**事務官(いわゆる廷吏《ていり》)**……検察官や弁護人が法廷で提出した証拠を受け取り、それを裁判官に手渡すほか、証人が出てくる場合の手続きにもあたる人。ルールを守らない傍聴人に注意するなども、重要な任務。廷吏がいない法廷では書記官が兼務する。

**看守**……多くの刑事裁判で、手錠や腰縄につないだ被告人を法廷に連れてくる、お堅い制服を着た警察官や拘置所職員。被告人1名に対し、両脇に2名が付く。裁判中も法廷を監視する。被告人が女性の場合は、うち1名に女性の看守が付くことが多い。

**通訳人**……被告人や証人が、日本語を話せない（話せても心もとない）外国人である場合に、法廷でのやりとりを訳す専門家。事前に起立して「誠実に通訳を行う」旨の宣誓を行う。一般的な通訳のイメージとは異なり、わが国の法廷では、中国語や韓国語、タガログ語など、アジア系言語での需要が多い。

**速記官**……裁判の要点をまとめるプロが書記官ならば、速記官は発言の一字一句を正確に記録しつくすプロ。被告人が公訴事実を一部でも否認している場合の、証人尋問や被告人質問で登場することが多い。

**司法修習生・書記官研修生**……法壇の脇に置かれた席で、傍聴人と同じように裁判を見学している人たち。

# 第7章 法律の壁に挑む

自分はソクラテスならねど、食糧統制法の下、
喜んで餓死するつもりだ。
判検事の中にもひそかにヤミ買いして
何知らぬ顔で役所に出ているのに、
自分だけは今かくして清い死の行進を続けていることを
思うと全く病苦を忘れていい気持ちだ。

食糧管理法(現在は廃止)の規定するとおり、国から配給された食糧のみで生活した結果、栄養失調で死亡した裁判官が残した手記として報道された文章。

東京地裁　山口良忠裁判官
当時33歳　1947.10.11没

これからは、見つからんようにヤミをやれよ。

食糧管理法違反(命令違反)の罪に問われた被告人に対して、「キミの仲間は、みんなヤミ米を売っているか」と話しかけた後に。

大阪地裁　網田覚一裁判長
1948.春［補充質問］

## 米を売るのも買うのも犯罪だった

戦争のために物資を確保する目的で、1942（昭和17）年に制定された食糧管理法は、米など主な食糧の流通を、政府のコントロール下に置くことを定めた法律です。米はすべて政府が農家から買い上げ、消費者に一定量ずつ配給することになり、配給以外のルートで米を得ることは禁じられました。各家庭への割り当て量は、大人ひとり1日あたり2合強。

実際には、そううまくいかず、配給の遅れや欠けが全国的に頻発していました。そのため、配給米に期待できなくなった人々は、生活に不足するぶんを、正規ルート以外で流通する「ヤミ米」を買うことでまかなっていたといいます。

食糧管理法の9条には、米など主要食糧の譲渡その他の処分に関して、政府が命令を出すことができると定められていました。この命令に違反すると、最高で懲役10年が科されることになっています。実際は懲役6カ月前後が量刑の相場だったようですが、当時はとにかく、米の売り買いはれっきとした犯罪だったのです。

ある法律が「悪法」かどうかを判別する基準として、憲法が存在しています。言わずと知れた国家の最高法規ですが、問題の食糧管理法も「すべて国民は、健康で文化的な最低限度の生活を営む権利を有する」などと定めた、日本国憲法25条に違反して無効だと主張されたことがあります。最高裁まで持ち込まれたのですが、残念ながらあっさり棄却されてしまいました。

## 学生時代から「聖人」と呼ばれて――山口裁判官の場合

山口良忠裁判官は、ヤミ米の取引行為を裁いて罰する第一線の部署にいました。昔から正義感が強くマジメ一徹で、学生時代には「聖人」というアダ名が付いていたほど。山口判事はその立場上、みずから食糧管理法を犯して、ヤミ米を口にするわけにはいかないと、国から配給されたものだけを食べる生活を続けます。

どんなにひもじくても、子どもたちに多く分け前を与え、どんなに体調を崩しても、死去の2カ月前に倒れるまで一日も休まずに出勤なさったようですね。それにしても、飢え死にというのはわれわれの想像を絶する苦しさであったろうとお察しします。

死の間際の心境として伝わっている文章は「病床日記」と題され、当時の全国紙で大きく報道されたものです。しかし、判事の奥さまや息子さんは、このソクラテスうんぬんと綴《つづ》られた文章の存在を知らず、ましてや裁判官が「食糧統制法」などと法律名を誤って記すわけがないと、文書の信憑性《しんぴょうせい》に疑義を呈しておられます。ただ、判事が生前から食糧管理法を「悪法」と認識しておられた点は、間違いない模様です。

## 自分ができないことを他人に強いない――網田裁判官の場合

網田覚一裁判官も、こうしたヤミ米の取引行為を裁く部署にいました。しかし、ただヤミ米を売る業者を罰するだけではなく、「仲間うちで捕まったのはキミだけか。人付き合いが悪いんと違うか」と、ざっくばらんに被告人に話しかけ、結局は執行猶予付きの罰金刑を科すなど、温情をもって対応するのが通常だったと伝えられています。

また、ヤミ米を運んでいた中年女性が一度に20人ほど検挙された際、網田裁判官は勾留をすべて却下して全員を釈放したそうです。せめて何人かは勾留を認めるよう頼みに来た検事に、「きみたちの中に、ヤミ米を一切食べていない者がいたらここに連れてこい！」と厳しく一喝したといわれています。

網田裁判官と山口裁判官は、ヤミ米に対してまるで正反対の態度を取っていますが、おふたりとも「自分ができないことを他人に強いない」という点で首尾一貫しており、ぶれない性格の持ち主であったことが見てとれます。

刑は11年に短縮されましたが、
情状などによるものではまったくありません。
ひとりの人生を台無しにした罪の大きさを、
身にしみて自覚することを望みます。

当時小学4年生だった女児を連れ去り、約9年2カ月にわたって自宅の一室に監禁し続けた事件の控訴審で、一審判決の懲役14年を破棄し、あらためて被告人に懲役11年を言いわたして。

---

東京高裁　山田利夫裁判長
当時58歳　2002.12.10［説諭］

## 法律が想定しない、異常な犯罪

これは何が問題かといいますと、刑法が定める監禁罪の最高刑が「懲役7年」だという点です。まさか9年以上も誰かを一カ所に閉じ込めつづける人間がいて、その犯行がまったく発覚せずにいる状況など、刑法を作った人たちはとても想定していなかったのでしょう。女の子をさらって9年も監禁しておいて、科される刑罰が懲役7年ではバランスを失する。そこで警察は、監禁致傷罪の被疑事実で男を逮捕することにしたのです。監禁行為によって被害者に「傷害」を負わせた場合が監禁致傷にあたり、法律上の最高刑は「懲役10年」(当時)になります。

救出された時点では、本件の被害者の身体に、特に外傷などは見あたらなかったようですが、刑法にいう「傷害」の意味は意外と広く、人の生理的機能を害する行為いっさいを指すことになっています。そこで警察は、被害者がショックを受けてPTSD(いわゆる「心のケガ」)に陥っており、さらに歩行が困難なほど脚力が弱っていた点に着目し、監禁によって広い意味で生理的機能が害されているとして、監禁致傷での逮捕に踏み切ったのです。

被害者への配慮から、検察官はPTSDについて起訴状に記載しなかったようですが、ともかく監禁致傷罪で立件されたことから、最高で懲役10年まで科す可能性が確保されました。

それでも、9年2カ月の監禁に、懲役10年……。被告人が女性を監禁した期間の1日を、ほぼ1日の懲役刑で償う結果にしかならず、まだ足りないんじゃないか、ということで、検察はある事件で被告人を追起訴しました。被害者女性を監禁している最中に、大型スーパーで、彼女に着せるための衣類4点（約2500円相当）を万引きした疑いです。

別の機会に行われた複数の犯罪が、同じ法廷で裁かれる場合、それらを「併合罪」と呼びます。そうなると、最高刑は「どちらか重いほうの1・5倍」にまでアップするのです。

監禁致傷も窃盗も、最高刑は懲役10年（当時）ですから、ふたつを併合罪とすれば懲役15年（当時）まで科すことができるようになります。検察官は、その懲役15年を求刑しました。

その求刑を受けて、一審判決は懲役14年と結論づけています。窃盗罪については、すでに店側への弁償が済んでいることを考慮に入れ、刑は若干軽くされたようですね。

## 2500円の万引きで懲役4年？

ただ、この一審判決には気になるところがあります。それは、窃盗罪の量刑相場について、裁判官が見て見ぬフリをしている点です。懲役14年のうち、10年が監禁致傷への刑罰だとしたら、残り4年は万引きの罪に科された刑罰のはず。2500円の商品の万引き（初犯）が起訴されたとして、実際に裁判所で科されているのは懲役6カ月から1年が精一杯。現在なら、数十万円の罰金で済むのではないでしょうか。万引きで懲役4年を科すとすれば、逃げるときに最低でも店員をボコボコに殴りつけたような強盗致傷の事案でなければならないでしょう。

　つまり、本件の一審判決は「処罰の必要性」に引きずられるあまり、量刑のバランスを踏み外してしまった嫌いがあるんですね。

　今回お言葉を採り上げた東京高裁の山田裁判長は、まさにその点に触れ、「窃盗罪は最大限重く評価しても、せいぜい懲役1年」と指摘しました。そのうえで、懲役10年が相当と認定された監禁致傷と併合して、懲役11年を言いわたしています。決して同情すべき点があって刑が軽くなったのではなく、あくまで法の理屈と科刑の現状から導き出した答えだというわけです。

　しかし、最高裁は、この控訴審判決を破棄、あらためて懲役14年を言いわたし、これが確定しています。併合罪を分けて、それぞれの量刑相場を考えに入れるのは間違いで、あくまで法律によって認められた懲役15年を上限に、その範囲内でふさわしい刑を探るべきなのだそうです。

　ともかく、いずれの審級の裁判官も、法律と処罰感情と量刑相場の板ばさみで、悩みに悩んだ事件だったに違いありません。なお、現在では刑法が改正されていまして、仮に同じような犯行がなされた場合の最高刑は、懲役22年6カ月となります。

本件で犠牲となった男児が遺《のこ》したものは、
医師には患者が発するサインを
見逃さないことをはじめとして、
真実の病態を発見する上で必要な情報の取得に努め、
専門性にとらわれることなく、
患者に適切な治療を受ける機会を提供することが
求められているという基本である。

割りばしを誤ってノドに突き刺してしまった子どもを、不手際により救命できなかったとして、業務上過失致死の罪に問われた医師に対し、無罪判決を言いわたして。

東京地裁　川口政明裁判長
当時54歳　2006.3.28［判決理由］
（→P.36、86）

生じた結果が悲惨で重大であることや、
被告人に特徴的な言動があることなどから、
犯罪の成立範囲を画する外延を
便宜的に動かすようなことがあってはならないだろう。

血友病治療の薬剤に混入していたエイズウイルスに、患者を感染、死亡させたとして、業務上過失致死の罪に問われた医師に対し、無罪判決を言いわたして。

東京地裁　永井敏雄裁判長
当時51歳　2001.3.28［判決理由］

## 便利な道具は危険な道具

過失とは、「うっかりやっちゃった」という意味ですが、その「うっかり」のことを、法律の世界では「そうなるのが予測できて、結果を避けられたのに（やっちゃった）」と分析します。裏を返せば、予測も回避もできない事態を起こしても処罰しない、ということです。

原始時代は、とにかく大自然こそが脅威であり、誰かが他人を「うっかり」傷つけるようなものなど、そうたくさんはありませんでした。しかし、便利な道具を「危険性」と引き換えに手に入れる術《すべ》を見つけ出してから、人類を取り巻く生活の質感は劇的に変わっていきます。

光が強くなれば、影もまた色濃くなるのが世の常。クルマや原子力、インターネットなど、「とても便利な道具」を使う場合には、ひとたび「うっかり」が生じたとき、途方もない被害を生じさせる危険性も内包しています。「とても便利な道具」のコントロールは、たいてい人間の五感の限界を超え、けっこうムリが生じているもの。事故の責任を、なんでもかんでも道具の使い手に負いかぶせることが、ふさわしくない場面も一部に出てきました。

リスクを分散する保険も発達し、みんなが交通ルールを守ることを前提にした注意力で運転すればよいとする「信頼の原則」など、過失の基準をゆるめる法律論も提唱されています。

### 誰が気づくべきだったのか？——割りばし死亡事故

生命や身体というのは、人智を超えた「神の創りし存在」。設計図も取り扱いマニュアルもないものに生じた不具合を治すのが医療行為です。助からない命を助かりうる命にしようと、さまざまな道具・薬剤・技術が開発されてきましたが、新しい手法で臨むときほど手探りで、試行錯誤を重ねざるをえません。また、かよわい赤ん坊や子どもの傷病を扱う産科や小児科などの医師には、さらなる高いリスクが突きつけられます。

1999年夏の盆踊り大会で、男児が綿あめの割りばしをくわえたまま、顔面から転倒し死亡。この事故をきっかけに、口の中のケガで子どもを来院させる保護者が倍増した統計もあります。多くの医師が救急現場から去っているのも、裁判を起こされるリスクを恐れてのことでしょう。

母親は事故の起こった瞬間を見ておらず、折れた割りばしの一部が体内に残っていることに気づいていません。男児を救急車で運搬した救急隊員は「意識清明、散瞳《さんどう》なし、対光反射あり、バイタルサイン異状なし」と判断。救急救命は必要ないと結論づけました。まさか脳が致命的なダメージを受けているなど、夢にも思わなかったことでしょう。事故の連絡を受け、病院で待機していたのは皮膚科の講師。救命士が「ノドをはしで突いた」と伝えたのを、病院側が

「首の表面を傷つけたケガ」だと誤解してのこと。あらためて、耳鼻咽喉科の医師である被告人が呼ばれ、特に出血がなかったことから、患部に消毒薬をぬって帰宅させています。

さまざまな人たちの、大小それぞれの「うっかり」が複雑に絡み合った状況がみられるため、被告人だけが重たい責任を負わされるべき事例とは思えません。

体内の割りばし片はレントゲンに映らず、CTスキャンは放射線を使うので、幼児の身体にはあまりよくないようです。MRI（磁気共鳴装置）を使えば発見の可能性があったらしいのですが、いずれにせよ「救急救命の必要なし」とされているケースで、医師はそこまでやれないでしょう。患者は他にもたくさんいるのですから。

ただ、川口裁判長が判決理由の中で、被告人の医療行為を「過失あり」と指摘した点には注目です。それでも「仮に異状に気づいても救えなかった」ことを理由に、過失と死亡結果の間に「因果関係がない」として、結局は無罪と結論づけているのですが。

「気づいても救えなかった」のなら、結果を予測できても回避できないという意味ですから、「過失なし」でよかったろうと私は考えますけれども、川口裁判長はあえて「過失はあったのだ」と、国家の立場から重い宣言を投げかけ、医療現場に向けて警鐘を鳴らしておきたかったのかもしれません。理論的というより、政策的な理由づけなんでしょうかね。

ちなみに、この裁判とは別に、遺族の両親が提訴した民事の損害賠償請求も退けられました。

こちらの裁判長は「被告に過失なし」とハッキリ言及しています。

## 素人も専門家も平等でいいのか？――薬害エイズ事件

1983年ころから、人間の体液を介して伝染する「エイズ」なる未知の病気が報告されるようになりました。特に血友病などの患者には、血液を原料に作られた止血用の製剤が投与されるので、原料となった血液にエイズウイルスが混じっていれば、患者がエイズに感染するリスクが生じます。あらかじめ熱処理してウイルスを死滅させる「加熱製剤」に、できるだけ早く切り替える必要性が、にわかに高まったのです。

当時、国内シェア1位だった製薬会社「ミドリ十字」は、加熱製剤の開発に後れをとっていました。焦ったミドリ十字は、厚生省（当時）の「エイズ研究班」班長だった被告人に、その権限で加熱製剤が出回るのを遅らせるよう頼みます。従来から「加熱に切り替えるべし」と考えていた被告人自身も、その持論を封印し、危険な非加熱製剤を患者に投与しつづけたのです。本件をめぐる金銭の流れもウワサされたほか、「キミがそういう主張をするなら、終生浮かばれないぞ」など、権威を誇示する被告人の言動が繰り返し放映されて、当時は世間の話題をさらいました。

エイズで死亡した血友病患者は日本全国で約500人。検察は、そのうちひとりの死亡結果について立件することで精一杯でしたが、そのわずかな糸口から全容解明につなげようと試みたわけです。

かねてより被告人は「非加熱製剤でエイズにかかるのは1000人にひとり」と話すなど、その危険性を少なからず認識していたとみられます。実際には約3人にひとりが感染したため、公言していたよりずっとひどい被害です。もっとも、それほどの高い危険性を知っていながら、あえてウソを広めていたとも考えられますが、証拠がない以上は決めつけられません。

無罪を導いた判決理由によると、被告人はエイズ発症の結果を予見していたが、その予見レベルは決して高くなく、事件当時、ほとんどの血友病専門医は非加熱製剤を使っていたので、被告人のみに責任を課すわけにはいかない、としています。

たしかに、当時の被告人は、エイズに関する情報を日本で最も多く得られた特別な立場にありました。ただ法律は、あらゆる個人・事件に対して平等に適用されるべき「一般性」をもつもの。誰にでも共通の基準を採用することは、どんな行動がどんな犯罪にあたるか予想でき、生活の自由や安心感を生むメリットがあるからです。一方で、こういう「専門家のなかの専門家」といわれるような特殊な人物が被告人となる事件では、皮肉にも法律の一般性が、処罰の限界を生じさせる場合もあるようです。

裁判所としても気の毒だったと思います。
しかし、知らなかったとはいえ、
軽率にも覚せい剤を持ち込んだわけであり、
犯罪とみられても仕方のない面が
あったことを理解してください。

覚せい剤取締法違反（密輸）などの罪に問われた、スイス国籍の被告人につき、一審で出された無罪判決を支持して。

---

東京高裁　中山隆夫裁判長
当時59歳　2008.4.9［説諭］
→P.94

## 被告人は外国人

刑事裁判を傍聴しに行くと、制服を着た看守ふたりに挟まれて、手錠と腰縄付きで入廷する被告人を目撃するはずです。その被告人は、拘置所（や警察署の留置場）に閉じ込められていて、一時的に裁判所に連れてこられている「未決勾留」の状態にあります。まるで、悪いことをして罰を受けているように見えますが、違いますよ。悪いことをしたかどうか、どんな罰を与えるのか、これから裁判を通じて決めていくんですから。

なぜ閉じ込められているかといえば、その被告人に「罪を犯したと疑うに足りる相当な理由」があって、放っておくと「逃げる可能性」や「証拠を隠す可能性」があると、裁判所がみているからです。勾留されたとしても、裁判を経て、無罪や執行猶予付きの有罪が出た場合には、勾留の効力が切れて、被告人だった者は晴れて外へ出られます。

一方、その話とは別に、密入国・滞在期間オーバーなどの違法行為が発覚した外国人は「国外退去強制手続き（いわゆる強制送還）」の対象になります。この場合、勾留が切れても、入国管理局に送られて「収容」されるわけで、引き続き閉じ込められることになるのです。もし、その外国人が帰国費用を自腹で出せるようなら、10日ほどで母国へ帰されますが、お金がない場合は、さらに長く「収容」されたままになる模様です。

## 無罪なのに勾留されつづける理由

2キロを超える覚せい剤を持ち込んだとして、密輸の罪に問われたスイス人の被告人。「知人に頼まれてスーツケースを運んだだけで、覚せい剤が入っているとは知らなかった。わざとやったんじゃない」という主張が、裁判所で認められました。うっかり持ち込んだのはたしかですが、「過失密輸罪」のようなものは法律に規定がないので、無罪判決が出ています。

彼女は国外退去となり、入国管理局へ身柄が引き渡されるはずでした。しかし、ここで検察側が控訴。そして勾留を続けるよう求めました。こういう場合に、いったん無罪になった人を引き続き勾留できるかどうか、法律には何も書かれていません。無罪を出されたのが日本人なら、その後に裁判が続くにしても、いったん自由の身となるのが一般的。ただ、外国人は事情が違うようです。無罪ということで拘束を解いてしまうと、今度は、滞在期間オーバーを理由に、入国管理局が身柄を母国へ帰すため、裁判を事実上続けられなくなるからです。

本件では、被告人の罪を決める裁判に先だって、その身柄について争いが繰り広げられました。最高裁は、「罪を犯したと疑うに足りる相当な理由」があるので、勾留できると結論づけています。無罪を言いわたしながら「疑うに足りる」とは変な感じですが、無罪判決は「グレー（疑惑）の状態だが、黒（有罪）ではない」という判定であり、勾留決定は「あくまでグレーであって、完全な白（無実潔白）ではない」との結論です。そう考えれば、きっと両者に矛盾はないのでしょう。

とはいえ、無罪が出たのにえんえんと閉じ込められ、しかも控訴審でも無罪になったんですから、被告人や弁護人が納得いかない気持ちになるのもムリはありません。控訴審の裁判長も、気持ちを察してフォローを入れたのでしょうが、「犯罪とみられても仕方のない面があった」と、まるで開き直りのような言い回しを含んでいるせいで、かえってホロ苦い印象を残す説諭になってしまった気もします。

似たような問題は、外国人に執行猶予を言いわたす場合にも出てきます。執行猶予の期間中に何か犯罪を起こせば、大半は執行猶予が取り消されて刑務所行きとなりますよね、日本人の場合。しかし、外国人に執行猶予付きの有罪判決が出された場合にも、無罪判決と同様の事情で、母国に帰されるわけです。国境を越えては日本の主権が届かない以上、刑の猶予を取り消されるプレッシャーのもとで更生を図るという執行猶予制度本来の目的が果たされません。また、外国人に安全で確実な帰国手段を保証することになって、日本での犯罪を助長させてしまう危険性が心配されます。

そのため、「外国人の密入国などには、必ず実刑を科す」と宣言した裁判官が過去にいて、物議をかもしたこともありました。

まことにわが日本は、
酒を嗜《たしな》む人のためには天国である。
現代文明諸国中、酒を飲みすぎ
自ら招いて弁識能力を失い、他人を殺傷した犯人を
法律を以てこれ程厚く保護している国は
稀《まれ》であろう。

酔っぱらい同士のケンカが高じて、殺人未遂の罪に問われた被告人に対して、事件当時に心神喪失状態にあったと認定し、責任能力がなかったことを理由に無罪判決を言いわたして。

---

京都地裁　小田春雄裁判長
1956.7.5［判決理由］

## バカやアホに寛容な民族

上司の頭をひっぱたき、財布をなくし、全裸で夜道をダッシュ……。皆さんのなかにも、消し去りたい「酒の失敗」を心ひそかに隠し持つ方がおられるのでは。

私は九州男児のくせして酒に弱いため、「飲みすぎて記憶がない」イコール「寝てる」ことを意味します。まったく、つまらん男ですよ。なので、酒のトラブルを翌朝「な〜んも憶えとらん」という人たちの感覚が、いまいちよくわからず、でも、うらやましくもあるのです。

神話の時代から裸おどりを笑って受け入れ、愛すべき粗忽者《そこつもの》の登場する落語や狂言などが発達し……。もしかしたら日本人は「バカやアホに寛容な民族」かもしれません。もちろん、諸外国にも素晴らしい「バカコメディ」は存在するのですが、本来は賢い人が策略的にバカなフリをする作品も目立つので、雰囲気が少し違う気もします。

おバカさんの言動を笑って許すのが日本文化の特徴なのだとしたら、その延長線上に位置するであろう「酔っぱらい」に対する伝統的なおおらかさも、自然と説明できそうです。現代でこそ、大暴れして騒ぎまわる花見客や、泥酔して交通事故を起こすドライバーなどは、バカを通りこした愚か者として、世間の厳しい目が注がれるようになっています。かと思えば、「酒の席では無礼講」といった言い回しも生きていて、しらふでは恥ずかしくてできない宴会芸も、独自の発展を遂げたりしています。私たち日本人にとって、酒は「バカになれるクスリ」という意味合いが強いのかもしれません。よくもわるくも。

## 酒を言い訳にさせない理論構成

ふつう、人には、ふたつの能力が備わっているものと刑法学では考えています。人間の能力をふたつに分けたのか、それともふたつに絞ったのかは知りませんが、とにかくふたつだと。ひとつは事理弁識能力といわれ、ことの善悪や周囲の状況を判断する能力と定義されています。もうひとつが行動制御能力。これは自己の言動をコントロールする能力を意味します。

これらふたつの能力があるのに、それでもなお法を犯すのなら、あんたの責任でしょ、だから処罰しますよ、というわけです。裏を返せば、なにも判断ができず、自分の行動をコントロールできないようなら、法に反しても刑事責任を問えない、という帰結になりますね。

事理弁識能力か行動制御能力、どちらか一方でも完全に欠けている状態のことを「心神喪失」といい、刑法39条1項は「心神喪失者の行為は、罰しない」と定めます。事件当時の被告人の精神状態については、精神科医などの専門家が探っていくわけですが、心神喪失だったかどうかの最終判断は裁判官が担っています。たしかに精神医学や心理学と深く関わる領域ではあるものの、心神喪失とはあくまで法律上の考え方だからです。

一方で、刑法39条の例外を立てる考え方があります。酒や薬物を飲んで一時的に気を失ったのなら、それは飲んだ行為が悪いんだから、事件時の心神喪失状態を言い訳にするな、という発想です。これを「原因において自由な行為（略して原自行為）」と呼びます。

原自行為の理論を使えば、酒を言い訳にさせない欧米諸国での対応に近づきます。原自行為を初めて採用した最高裁の判例も、当時すでに出ていました。ただ、酒に酔って暴れ出すクセを被告人があえて利用した証拠がないなどで、本件では採用が見送られたのです。小田裁判長は判決文のなかで、原自行為を条文にハッキリ書き記し、酒酔い暴行の常習犯は療養所で治療するよう法改正を訴えましたが、いまだ刑法39条は変わっていません。

なお、39条の廃止を主張する声も根強くあります。精神障害者を独立した責任主体としてあつかわなければ、かえって差別の温床になるとの指摘、刑を免れたがる被告人が精神を病んだ演技をする「詐病」の問題のほか、犯行の時点に遡《さかのぼ》って被告人の精神状態を鑑定する試みそのものへの疑念も投げかけられています。

この種の事案の量刑の実際をみても、本件における原審の量刑が軽すぎるということのできる運用状況ではない。飲酒運転などによる死傷事故に関する罪の新設や法定刑の引き上げなどの立法的な手当てをすることが本来のあり方である。

業務上過失致死傷と道路交通法違反（酒酔い運転）の罪に問われた被告人に対して、懲役4年を言いわたした一審判決を支持しての言及。

---

東京高裁　仁田陸郎裁判長
当時58歳　2001.1.12［判決理由］
→P.138

## 危険運転致死傷罪創設のきっかけ

業務上過失致死傷罪の法定刑は、もともと「禁錮3年以下」でした。刑務所に収容されても、刑務作業の義務がないのが禁錮刑です。昭和30〜40年代の高度経済成長期に交通事故が多発したことで、最高刑が懲役5年に引き上げられ、最近では懲役7年が上限の自動車運転過失致死傷罪も新設されています。

また、酒酔い運転罪ですが、戦後まもなくは「懲役3カ月」が最高刑だったんです。クルマの数が今よりずっと少なかったとはいえ、軽犯罪に近いあつかいですよね。本件当時で最高刑は、懲役2年に引き上げられていました。もちろん、運転免許は一発で取り消しです。

ウイスキーなどを飲んで泥酔した被告人運転の大型トラックが、渋滞待ちの乗用車に追突、炎上させ、後部座席の女の子ふたりが幼い命を強引に奪われた刑事事件の裁判。当時の法律で被告人に科しえた刑の上限は、懲役7年でしたが、交通事故の量刑相場を考慮した司法の結論は「懲役4年が相当」。遺族は判決結果にも泣かされることになったのです。

さんざん世論に叩かれ、懲役20年を最高刑とする「危険運転致死傷罪」が新設されるきっかけとなった裁判ですが、仁田裁判長も「個人としては、法の仕切りから飛び出したいと思うこともある」とこぼすなど、非常に悩み苦しんだと伝えられています。

## コラム

## 裁判員の心得①――決めつけない

忙しい私たちは、場合によって、思い込みや決めつけをもとに日常生活を送っている。「とりあえず、こんなもんで大丈夫だろう」「ちょっとでも見込みがあったら動いとかないと」……別にその見込みが結果的に外れていようが、致命的な損害にならないケースでは、物事を決めてかかったほうが何かと便利だ。

しかし、刑事裁判に「こいつがやったはず」という安易な決めつけを持ち込むことは、厳に慎んでいただきたい。もし、これから皆さんが裁判員になる場合、その決めつけが間違っていたときに、取り返しのつかない事態が生じるかもしれないからである。今までの人生を平穏に歩んできて、守るべき大切なものをたくさん得てきた私たちのうち誰かが、犠牲者の身近な人間だという事実だけで、遺体の第一発見者だというだけで、最悪の話、13階段の上で首を吊ることになりかねない。

犯罪がなるべく起きない、穏やかな社会を維持するためには、たしかに犯罪を取り締まる捜査機関の努力や、悪事を許さない私たちの勇気ある言動が欠かせない。これを仮に、犯人を「逃さない正義」と呼ぶことにしよう。しかし、「正義」とは一面的なものだろうか。

「オレは絶対やってない！」と、犯行を否認している被疑者・被告人のために、弁護人は犯人を「決めつけさせない正義」を貫いている。また、裁判官には「証拠をもとに判断する正義」や「公平に裁く正義」といったものがあるのだろう。

よく「正義は勝つ」などというが、法廷にこれだけたくさん正義があったら、そりゃあ、どれかは勝つだろうよ、と思ってしまう。「正義」の意味は、しばしば置かれている立場によって異なってくるものなのだ。

# 第8章

# 危険運転致死傷罪は宝の持ち腐れ？

3児は、いずれも両親から最大限の愛情を注がれ、宝物のように育てられて幸せで楽しい日々を送っていただけでなく、正にこれから夢や希望に満ち溢れた人生を迎えようとしていた矢先、生涯における多くの喜びや楽しみを存分に味わうこともできないまま、理不尽にもわずか4歳11カ月、3歳3カ月及び1歳3カ月という短い一生を終えなければならなかったものであって、誠に哀れと言うほかはない。また、生き残った夫妻が本件事故によって味わった驚愕、恐怖、苦痛は計り知れず、本件事故直後に3児の命を救うべく海中で必死の救助活動に当たる中で夫妻が体験した不条理で残酷な極限的状況には想像を絶するものがある。

危険運転致死傷と道路交通法違反（ひき逃げ）の罪に問われた被告人につき、検察側の懲役25年の求刑をしりぞけ、危険運転致死傷の点を業務上過失致死傷へ下方修正（訴因変更）したうえで、懲役7年6カ月の判決を言いわたして。

---

福岡地裁 川口宰護裁判長
当時55歳 2008.1.8［判決理由］

## 福岡・飲酒3幼児死亡ひき逃げ事件

この川口裁判長は「おかしな非常識判事」として、一時は世論からサンドバッグのごとくボコボコに叩かれていました。本件が生じさせた被害があまりにむごく、そのぶんの落とし前をキッチリつけてもらおうと、被告人に対しては厳しい目が向けられていたからです。川口裁判長ら3名の担当裁判官は、国民の託した「厳罰への期待」を裏切ったというわけでしょう。

ただし、現代の司法が科す刑罰には、決して被害者の復讐《ふくしゅう》を代行する機能などありません。あくまで、その後に起こりうる犯罪の「抑止」が目的とされています。

忠臣蔵や極道映画、スポーツ選手のリベンジ劇など、「やられたらやり返す」という筋書きによってスカッとストレス解消する私たちにとって、こうした司法の態度は何とももどかしいところ。お気持ちは十分わかります。

ただ、実際の復讐・報復は、「倍返し」や「連鎖」に「泥沼」……いったん火が付けば往々にしてロクな結果にならないということも、人類の歴史が教訓として私たちに残してきた事実。逆に、集団心理のどさくさの中では可能でも、個人ではなかなか果たしづらいのも復讐です。

また、「ヤツを殺しても、あの人は帰ってこないから」「とにかく謝罪してほしい」「二度と顔を見たくない」「真摯に反省し、立ち直る姿を見たい」など、被害者感情とは、被害者の人数だけある感情であり、恨みだけの一枚岩ではないのです。また、表面化している被害者感情はあくまで建前で、奥底に別の気持ちを秘めておられる場合もありえます。

裁判官が法廷で言いわたす刑罰は、目の前の被告人に「もうコリゴリ」と思わせ、二度と罪を犯させないため（特別予防）と、似たような犯行をたくらむ者たちへ向けて広く警鐘を鳴らすため（一般予防）に存在します。決して被害者感情の肩代わりではありません。そのような生々しい叫びは、形式的な司法システムへ取り込むのに適さないからです。

とはいえ、今回のように、あえて被害者感情の「代弁」を試みる判決理由も増えています。

## 判決が認定した事件の概要

私は正月、実家に帰省した際に、この判決公判の傍聴券を取り、自分の目で見届けようと、福岡地裁の前にできた長い行列に並びました。しかし、持ち前のクジ運の悪さで、案の定ハズレを引き当てましたので、仕方なく判決文を基礎に考えてみることにします。

2006年8月25日、金曜日の晩、被告人は自宅で父親とフグ鍋を囲みつつ、ビール1缶と焼酎をロックで3杯飲み、その後、友人と居酒屋で焼酎をロックで5～6杯、スナックでブランデーの薄い水割りを数杯飲んだとされます。この時点で、椅子から倒れ落ちそうになり、スナックの店員に、しまりのない表情で「今日は酔っぱらっとるけん」とも話していたようです。

酒酔い状態で助手席に友人を乗せ、被告人は父親名義の高級車を運転、博多湾にかかる見通しのよい橋（時速50キロ規制）の上において、時速約100キロでRV車に追突。相手を海に転落させておきながら、道路交通法上の負傷者救護義務を果たさず、その場から逃走しました。しかし、自車も衝撃で壊れており、現場から数百メートル先で乗り捨てています。

被告人は、別の友人に電話をかけ、「自分の身代わりになって捕まってくれないか」と頼んだようです。かなり気が動転していたようですね。そんな頼みごと、お友達にはメリットが何もないじゃありませんか。当たり前ですが、けんもほろろに断られてしまいました。

仕方なく、被告人は頼みごとを変更し「水をたくさん持ってきて」と告げました。その友人は了解し、2リットルのペットボトル2本に水をいっぱいに入れて自動車に積み、被告人の居場所に向かっています。被告人はそのうち約1リットルを飲んだと裁判所は認定しました。

水を一度に大量に飲んでも、血液中のアルコール濃度はほとんど下がりませんが、吐く息のアルコール濃度はごまかせる可能性があるという説が有力です。

警察官による飲酒検知では、被告人の呼気中アルコール濃度が1リットル中0・25ミリグラムで「酒気帯び」レベルと測定されました。それより悪質な「酒酔い」レベルかどうかは、警察官の五感を使った判断にゆだねられます。鑑識カードによれば、言語・態度状況は「普通」、歩行能力は「正常に歩行した」「直立できた」、酒臭は「強い」、顔色は「青い」、目の状態は「充血」にそれぞれ○印が記入され、結論としては「酒気帯び」となっています。

なお、酒酔い状態か否かの判断で最も重視されるのは、歩行や直立時に「ふらつかないかどうか」ですが、その警察官は特別の歩行テストや直立テストを被告人に課さず、路上での彼の行動を観察した結果「正常に歩行」「直立」と記入したようです。

警察官は、のちに法廷で「被告人は事故の状況を『覚えとらん、ああわからん』などと繰り返したり、頭をフラフラ動かし、職業についての質問に対しては、フシをつけて人を馬鹿にするような態度で『サ〜ラリ〜マン』などと答えたりしていた」と証言しています。しかし、鑑識カードの言語・態度状況に「普通」と記録されている点などを裁判所は重くみて、やはり酒酔い状態ではなかったと認定したのです。

## なぜ「水のガブ飲み」は処罰されないのか

被告人が、ひき逃げ後に水をガブ飲みして、酔いをごまかそうとした点に関してですが、犯人が自身で犯行の証拠をもみ消す行為は、証拠隠滅罪に問えない決まりになっています。これは、罪を犯した人間が証拠をもみ消さずに、そこだけ正直者でいることなんて期待できない、との考え方に基づきます。ゆえに、証拠の隠滅を防ぎたい場合には、警察や検察は「被疑者の逮捕」や「証拠の差し押さえ」といった手段を使うのです。

もっとも、水を持ってきた被告人の友人は、飲酒運転をした本人ではないので、証拠隠滅の疑いで逮捕されていますね。ただ、これだけ注目を集めた大事件でありながら、逮捕以降の報道がありませんので、まもなく起訴猶予処分で釈放されたものと思われます。

水のガブ飲みに関しては、これを許してしまうと飲酒ひき逃げの「逃げ得」を生む、という批判があります。業務上過失致死傷に救護義務違反（ひき逃げ）の罪を加えても、当時は最高で懲役7年6カ月までしか科せなかったからです。本件で、被告人は実際に酔いのレベルをごまかして、最高刑が懲役20年である危険運転致死傷の適用を逃れたとみられることから、余計にそのような強い声が聞かれるのでしょう。

事件当時と違い、現行法では自動車運転過失致死傷罪が最高で懲役7年、救護義務違反が同10年と改正されています。したがいまして、本件と同じようなケースを現在起こせば、たとえ飲酒運転の点を抜きにしても、最高で懲役15年（重いほうの1・5倍）が科されるよう変更されています。少なくとも「逃げ得」が心配されるような軽い刑罰ではなくなっているのです。

## 「飲酒運転＝危険運転」ではない

危険運転致死についての裁判では、２００９年の夏期から、私たちのうち誰かが裁判員として審理に加わることになります。そこで、飲酒運転について基本的なところから説明させていただきます。

まず、道路交通法上の「酒気帯び運転」はわかりやすいですね。呼気中アルコール濃度が1リットル中0・15ミリグラム以上、というように、数値で線引きすることになっています。

さらに、数値的な境界線は置いておいて「正常な運転ができないおそれがある状態」といえれば、道路交通法上「酒酔い運転」として、さらに厳しく取り締まることになっているんです。この判断は、先ほどもご説明しましたとおり、取り締まる警察官の主観によって決まります。酒に弱い体質の人なら、たいして飲んでなくても「酒酔い」に分類される可能性があります。

問題は、危険運転致死傷罪にいう「危険運転」とは何なのか、という点です。根拠条文である刑法208条の2には「アルコール（又は薬物）の影響により正常な運転が困難な状態で自動車を走行させ、よって」「人を死亡させた」と書いてあります。ポイントは「アルコールの影響により」「正常な運転が困難な状態で」という言い回し。ここが危険運転致死傷罪のカナメであり、かつ、現実の適用を難しくしている箇所といえます。要するに、正常な運転さえできていれば、いくらそのドライバーが酒くさくても危険運転にならないことを認めてしまった条文なのです。

「正常な運転ができないおそれがある状態」が酒酔い運転ならば、「正常な運転が困難な状態」である危険運転は、もっとひどい状態のはずですよね。法定刑の重さも含めて考えれば、危険運転は、酒酔い運転よりも悪質なものと考えるのが自然でしょう。

交通標語では「飲んだら乗るな、乗るなら飲むな」なんて言っているくせに、「危険でない飲酒運転もある」と、法が認めているように見えるのは、もしかしたら一種の矛盾、「法の二枚舌」といえるかもしれません。現状のように、飲酒運転を3段階に分ける必要がどこまであるのか、やっぱり「飲酒運転イコール危険運転」だと言っておくべきじゃないのか、あらためて考え直していく必要はありそうですね。

なお、危険運転には飲酒のほかに「高速走行」のパターンもありますが、条文の要求は、やはり「その進行を制御することが困難な高速度で」となっています。やはり、見通しがよい直線道路などを走っていて、特にハンドル操作が難しくなければ、たとえ大幅なスピード違反があったとしても危険運転にならないように読み取れます。

こういう分析をしていくと、刑法208条の2とは、なんと大胆な条文なのかと、だいぶあきれてしまいますが、裁判官は条文から逃げられないのです。

## 「刑罰の適用は控えめに」の原則

たとえば、個人や会社などの間でトラブルが争われている民事裁判だと、「常識で考えて、この契約は無効にすべきだな」「このへんが落としどころだな」などの方向性を先に設定して、そこへ合わせるかたちで法律の理屈を後づけしても、特に問題はないとされています。

その一方、刑事裁判の場合、「こいつは有罪にすべきだ」「気にくわないから、ローヤにぶち込もうぜ」という結論ありきで、そこを目指して理由を後づけするのは厳禁です。裁判が行われている間は、被告人に対する先入観を捨て去り、むしろ「無罪」だと推定したうえで審理しなければならないからです。

刑事裁判とは、目の前の被告人に死を命じる局面すらある、とても厳格な手続き。なので、被告人に刑罰を科すときは、とにかく慎重に、控えめに法律を適用しなければならないと考えられているのです。これを刑法の謙抑性《けんよくせい》と呼びます。

本件の被告人については「事故の直前に12秒間も脇見をしていて、一般道を時速１００キロで飛ばしていた」などと各メディアで報道されていました。

まず、「12秒間の脇見」と決めつけて伝えられた点についてです。判決理由には「最大で約12・7秒」にわたって、フロントガラス右側の景色を眺める脇見をしていた可能性があるものの、具体的な長さは特定できないと書かれています。一方で、判決は「せいぜい5秒ないし5・5秒」と算定した弁護人の主張を退けていますので、裁判官が前提としている脇見時間の最小値は、約6秒程度でしょうか。

たしかに最大値は12秒強かもしれません。けれども、検察側の出した証拠が不足するために、

「約6秒の脇見」という可能性が残されている以上は、その最小値をもとに「正常な運転が困難な状態にあった」かどうか考えなければなりません。それが、刑事裁判の慎重さ、控えめさ、「疑わしきは被告人の利益に」という意味です。

また、時速50キロの速度制限がある一般道を、時速80〜100キロで飛ばしていた点ですが、これを「異常な運転であったとまでは言えない」と判決は言っています。見通しがいい道路で、車線の幅も広く、夜間は交通量も少なく、そのへんを100キロ前後でビュンビュン飛ばして抜き去ってくるクルマがたくさんいるので気をつけている、というタクシー運転手の証言があるからです。さらに、蛇行《だこう》運転がないこと、細い路地も難なく通っていること、事故直前に衝突を避けるため、素早くブレーキやハンドル操作をしていることから、「正常な運転が困難な」危険運転致死傷にはあたらないと判断したのです。

だいたい「正常な運転が困難な状態」という条文の言い回しそのものが、あまりハッキリしていません。ハッキリしない罰則を、平気な顔して積極的に適用する司法ほど、怖いものはない。川口裁判長ら3人の裁判官は、刑法の謙抑性を十分に心得ていたのでしょう。

やむをえず業務上過失致死傷罪を適用し、ひき逃げの罪と組み合わせて、できるかぎり重い量刑を適用したことからは、法律実務家としての葛藤が感じられますし、判決理由の中で被害者・遺族の感情を代弁した箇所（↓176ページ）からは、高い共感能力が読み取れます。犠牲となった幼児3人にあるべき人生、平均寿命から考えて、のべ200年を超える時間が一瞬にして奪われたことは「誠に哀れと言うほかはない」のです。

ただ、業務上過失致死傷罪を適用した場合は、「犯罪被害者給付金」が遺族に支給されない問題が残ります。この給付金は、「わざと」行われた犯罪（危険運転致死傷罪を含む）の被害者が対象だからです。もちろん、遺族にとってはお金がすべてではないでしょうが、危険運転致死傷罪と業務上過失致死傷罪とでは、刑事罰だけでなく、行政上のあつかいも違ってくるのですね。

とはいえ、本件のように過失犯と認定されても、少なくとも自賠責保険によって3000万円を限度に補償されますし、なにか後遺症が生じれば、別個に損害賠償請求が可能です。もちろん被告人は、早めに社会復帰できるぶん、遺族へ定期的に「償い」を続けるべきでしょう。

犯罪の償いというのは、決して刑罰だけではありません。被害弁償や慰謝料などの「金銭的な償い」、謝罪の言葉（場合によっては関係修復）などの「精神的な償い」といった、もっと地道で複合的なものが求められるのです。

## 設計図の不備をフォローするのが裁判所の仕事

ただ、ここまで書いておいて何ですが、この危険運転致死傷罪を適用しなかった決断に対して、物申させてください。この判決は、刑法の謙抑性の効かせ方が過剰だったようにも思います。法律を適用するときの慎重さが「過ぎたるは及ばざるがごとし」となっていたのかもしれません。

制限速度の30キロから50キロオーバーでクルマを走らせていた被告人の運転について、よりによって、交通違反を裁く立場の裁判官が「異常とまではいえない」と言い切ってしまうのは、いかがなものでしょう。「仕事や家庭でイヤなことがあったとき、クルマで夜中に思いっきりカッ飛ばしたらスカッとするよなぁ。キミたちもやったことあるだろ。正味の話」と、裁判員制度の開始をひかえて、裁判官が「一般人の常識と感覚」で考えてしまったのでしょうか。人間のやることへの過信としか言いようがないんですよね。

本件が起こる直前に、もし被告人がスピード違反で捕まっていたら、即免許停止で、罰金も10万円近く取られてましたよ。それでも、危険運転致死傷罪との関係でいえば「異常とまではいえない」スピード違反なわけですから、いったい一般道で何キロ出せば「異常」なのか尋ねてみたいものです。やはり「法の二枚舌」だといわれても仕方ないところでしょう。

まだあります。「正常な運転が困難な状態」なのが、あくまで「アルコールの影響」だといえなければ、危険運転にならないのですが、判決理由によると、たとえ飲みすぎてロレツが回ってなくても、いちおうクルマの運転をキッチリやっているように見えるならば、アルコールの影響は及んでいないというのです。

ここまで厳格な因果関係を求めるのなら、いつも乱暴な危ない運転をしている人間が、酒を飲んだうえで相変わらずのバカ運転をしていても、それはアルコールの影響ではない、という逆転現象が生じかねませんね。

たしかに、日常生活のなかで、思いがけず犯罪だとされる行動をとってしまわないよう、犯罪行為は法律にハッキリと書いておくべきです。「ウソやろ？　こんなことが犯罪になるの？」と、不意打ちで取り締まりが行われることがないよう、なにかを取り締まるに際しては、私たちの代表である国会議員や地方議会議員が罰則を定めておかなければなりません。そうしておけば、「罰則に触れない限りは自由だ」と、私たちは安心して生活できるわけです。

しかし、本件の場合は逆です。世間では「飲酒運転で事故を起こしたら、昔よりも重く罰せられる」と素朴に認識している人が大半を占めます。あんな悲惨な結果を起こせば「危険運転」で厳しく罰せられるものと思って、ドライバーはみんな普段から自制していたのに、どうやらそうならないらしいと。ただでさえ、自分の運転テクニックや酒の強さを過信している一部の連中が、いまだに飲酒運転を繰り返しているというのに、その流れに拍車をかけないか心配です。

危険運転致死傷罪は、現実に起こっている事件にほとんど適用できていない「宝の持ち腐れ」規定であり、もはや厳罰ルールとしての実効性を失いつつあるといえます。

国会や内閣法制局は、危険運転罪を創設する努力・責任を果たした。みんなで知恵を出し合った。ただ、実際に使いこなすには、若干サジ加減を間違っていたわけです。そうなると、次は裁判所の出番ではないでしょうか。

法律は、「こういう世の中を作りたい」という人々の願いが反映された、社会の設計図です。いわば、その図面をひく建築士の役割をになうのが、法律を作る国会議員といえるでしょう。そして裁判所が、設計図たる法を適用する大工だとすれば、今回出された判決は、図面をひいた者に責任を押しつけ、具体的な問題点を黙って放っておいたまま物件を引き渡した、あまり誠実でない大工の仕事のように見受けられます。大工さんは基本的に設計図の指示に逆らえませんが、現場で疑問点や不都合が生じたならば、建築士に申し出て、設計図の中身を変更するようお願いするはずですので。

司法試験がなぜ、日本一難しい国家試験などと呼ばれるかといえば、世の中の状況に応じて、新たな社会規範を立てる能力を試すテストだからです。条文の言葉に沿った原則的な処理ではマズい結果が出そうなとき、法律が作られた趣旨から離れすぎない程度に、ルールを巧みに修正できる。だから、法律のプロは一目置かれるのです。

危険運転致死傷罪は新しい犯罪類型ですから、まだ判例は固まっていません。この判決公判は、私たちが素朴に了解している「飲んだら乗るな」というルールへ向けて、条文の意味を少しでも引き寄せておく良い機会でした。

たとえば「アルコールの影響」と「正常な運転が困難な状態」という条件について、まるで原因と結果のように厳格な関係を求めず、酒気を帯びている時点で、そのドライバーの運転能力に疑いの眼差《まなざ》しを向けるぐらいの認定をしてもいいのではないかと思います。

これを「罪刑法定主義に反する」などと批判する専門家がいるかもしれません。しかし、「オレは酒を飲んで運転しても大丈夫」などと慢心している運転者は、まだ世間にたくさんいるのです。この危険運転致死傷罪の条文に関しては、形式的な罪刑法定主義を貫くことが、飲酒運転にとって好都合な言い訳を与え、さらに付け上がらせる結果となってしまいます。それに、国会で法改正がなされるまで待っていられません。

せめて、高裁や最高裁には、現実の事件に法をあてはめる、実務家らしい条文解釈を打ち出していただきたいものですね。

## コラム

## 裁判員の心得②――疑わしきは罰せず

犯人を捕まえることは、たとえば「ちりめんじゃこ」の中に混じっている「小えび」をつまんで取り除くのとはワケが違う。街中に潜む犯人はハッキリ色分けされていないし、人間は人間に対して、そのような「神の視点」を持ちえないのだから。

私たちは、犯罪の被害者になる心配はしても、犯人だと誤解されて裁判にかけられるような心配はあまりしないもの。しかし、犯人を「逃さない正義」には、勘違いの生じる可能性がつねに付きまとう。

技術革新のもと、科学的な捜査手法がいくら導入されようとも、裁判官は「神」になれない。その代わり、人間らしく謙虚になって、検察官の主張に少しでもおかしなところが見えれば、あるいは、強引な捜査が行われている形跡があるならば「無罪」を宣告し、どれだけ雰囲気が怪しかろうと、その被告人を釈放する義務がある。ハッキリした証拠がないことについて、勝手に「決めつけない」という決まりだ。

「ごめん」で済むなら警察は要らないが、「怪しい」で済むなら裁判所も要らない。

こうした「疑わしきは罰せず」の鉄則により、社会へ還された被告人の中には、一部に真犯人も混じっていて、ひそかに笑っているヤツだっている可能性はある。しかし、神のしわざでなく人間の裁判である以上、この結果も「受け入れなければ」「刑事裁判の副作用だ」と、前向きにあきらめたのだ。

見逃された真犯人が、再び凶行に及ぶような場面だけが悲劇だろうか。何の罪もないのに突然「ぬれぎぬ」を着せられた人が、あまりにも多くのものを一瞬で失う悲劇も、同じように忘れてはいけない。近い将来、皆さんが裁判員に選ばれたときには、法律知識などよりも、とにかく「疑わしきは罰せず」の合い言葉だけ意識していただきたいと願う。

# 第9章　一緒に幸せを探しましょう

嫁姑《よめしゅうとめ》問題は
あなたぐらいの年代の男性には珍しくない。
解決を図れたのはあなただけなのだから、
人間として自分がどうすべきだったか
深く反省してもらいたいと思います。

階段の上から転げ落ちて気絶した嫁の頭を、姑が階段の角に打ち付けて殺害した事件で、なんの救命措置もせず放置したとして、保護責任者遺棄致死の罪に問われた被告人(被害者の夫)に対して、致死の点は被告人のせいでないとして、保護責任者遺棄の罪で懲役2年6カ月の実刑判決を言いわたして。

---

札幌地裁　小池勝雅裁判長
当時50歳　2003.11.27［説諭］
→P.88、202

## 二世帯住宅の亭主が陥った板ばさみ

アンケートをとったわけではありませんが、「嫁と姑の」に続く言葉といえば、「確執」「バトル」「いがみあい」など、穏やかでないものばかり並びそうなのは、なぜでしょう。ホームドラマなどでは、二者の関係が「衝突」を軸に描かれ、核家族化が定着した世の人々はそれを刺激的な物語として鑑賞しています。ただ、二世帯住宅の亭主にとっては現実に起こる「板ばさみ」なのです。

自分を歯科医師にまで育ててくれた母親（殺人罪で懲役7年）に被告人は深く感謝し、ひとり暮らしは心細かろうと、同居を受け入れました。また、家庭を顧みず前妻と離婚した経験から、再婚して迎えた妻（死亡）を大切にすると心に決めていたといいます。そんな被告人の覚悟も空しく、判決文の認定によると、嫁が姑を毎日のように罵倒《ばとう》していた模様。それにしても、「嫁姑問題」とひとことで片づけられぬほど、嫁の不慮の事故に乗じた姑の追い打ちは、あまりにも残忍なもの。それを見て見ぬフリした被告人の心情も理解しがたいところです。

初公判では、弁護人の申し出により、被告人が手錠・腰縄でつながれている姿を公開しない特別措置がとられました。これから裁判員の加わる刑事裁判では「やっぱり、こいつがやったんじゃないか」という偏見や先入観を生まないような服装で入廷させる工夫が求められます。

裁判所は
人生観を裁くことはできないけれども、
殺害の責任は問わなければなりません。
もっと生きろ
ということかもしれません。

承諾殺人の罪に問われた被告人に対して、執行猶予付きの有罪判決を言いわたして。

---

横浜地裁横須賀支部
福島節男裁判官
当時55歳 2005.3.8［説諭］
→P.54(→P.198)

## 合意の上の心中を裁く迷い

犯行によって被害をこうむる人が、その被害を甘んじて受け入れている場合は、一般に処罰されません。ただし、その被害が「殺害」ということなら、話は別でして、たとえ殺される者の承諾があったとしても、単に刑が軽くなるのみで、処罰そのものは免れないのです。殺人罪の最高刑は死刑ですが、承諾殺人罪の最高刑は懲役7年となっています。

「母は、最後まで幸せだったと思います」と胸中を語ったのは、情状証人として法廷に立った42歳の娘。本件は、夫と妻の心中事件でした。証人の父親である被告人は、大手企業の取締役を務めたこともあり、結婚44年間で3児をもうけ、私生活も充実していたようです。

やがて、妻は重病で身体が衰え、被告人自身も糖尿病により視力をほとんど失ってしまいます。両親の介護で子どもたちに迷惑をかけたくないと、宿泊先のホテルで「一緒に死のう」と、妻が申し出て、「幸せな今を瞬間冷凍しよう」と被告人も応じたのでした。浴室内で互いにインシュリンを注射して心中を図りましたが、被告人だけが一命を取り留めています。

どうやら、家族の誰もが納得していた心中だったようですね。そこへ「死ぬのはよくない」とばかり、司法が口を出すことの意味については、福島裁判官も迷われたはずです。

もし妻と子が生きていて、ここにいるとしたら、
どういう思いかを考えてください。
それは愛情ではなく、憎しみではないかと思います。
自分の都合のいいように考えることは、
死者への冒瀆《ぼうとく》になります。

妻子2人を殺害したとして、殺人の罪に問われた男に対し、懲役25年の判決を言いわたして。

釧路地裁　本田晃裁判長
当時39歳　2006.11.27［説諭］

被告人が作って持たせた弁当の中身が
毎日違っていたことは
託児所でも話題になっていた。

子どもと一緒に心中しようとして、一命を取り留めた父親に対して、執行猶予付きの有罪判決を言いわたして。

東京地裁　花尻尚裁判長
当時47歳　1981.9.8［判決理由］

## オスが家庭に関与するのは少数派

日本で生息する100種以上の哺乳類のうち、オスが家庭に関与するのは、ヒトとタヌキとキタキツネだけなんだそうです。しかも、タヌキとキタキツネの場合、メスの妊娠可能期間が短いため、繁殖の戦略上、オスがそばにいるに過ぎないといいます。では、人間の男が特定の家族に所属しているのは、どうしてでしょう。お金がかかる子育てを経済的にサポートするためでしょうか。それとも、現実社会の厳しさを体現する大人として、子どもに常識や知恵を授ける存在であるべきだからでしょうか。

うちの父親は、仕事や人付き合いで忙しく、ほとんど家にいなかったので、母親は常に子どもに向けて悪口をこぼしている状況でしたが、出世してキッチリ稼いできてましたし、怒るとやたら怖かったので、家庭の中での存在感は十分すぎるほど大きかったですね。

## ギャンブル・DV男が離婚話に逆上――釧路地裁のケース

ギャンブルにハマり、日常的な家庭内暴力にも及んでいたという夫（被告人）を見かねて、妻は離婚を切り出したそうです。それに逆上した夫は夜中に、3歳の息子のそばで寝ている妻をメッタ刺し。息子に対しては執拗《しつよう》に、数十回にわたって刺身包丁を振り下ろしています。

犯行後、被告人は急にひどい絶望感にさいなまれたのか、自分も一緒に死のうと無理心中を思いたち、その腕に刃を当てます。しかし、死にきれなかったとのことで、我にかえり、まもなく自らの手で110番することによって、本件が発覚しました。

検察官は、「腕を切ったのは、自殺の偽装に過ぎない」として、無期懲役を求刑。一方で弁護人は、「当時は酒が飲めない被告人が無理して飲酒している状況で、その影響により責任能力が著しく減退しており、心神耗弱《しんしんこうじゃく》の状態だった」と主張し、刑の減軽を求めました。しかし、裁判官は、犯行時に警察署へ電話をかけて会話することもできたことから、当時は心神耗弱でなかったと認定。他方で、頼っていた妻に見放され、本人なりに心理的に追いつめられた末の犯行とし、無期懲役は重すぎるとしました。

## 息子に尽くした父親がガス栓をひねる——東京地裁のケース

妻は夫（被告人）に断りもなく、生まれてきた息子を託児所へ預けて、産後まもなく職場に復帰。やがて、別の男をつくり、家から出ていってしまいました。

「ママはどうしたの？　ママは？」……泣き叫ぶ息子を見かねて、被告人は田舎の母に連絡、上京したうえで世話を手伝ってもらうことにしたのです。しかし、頼みの母が一時的に帰省することになり、家には「父ひとり子ひとり」が残された状態に。

それから被告人は、出勤前に息子を託児所に預け、深夜に迎えに行く過酷な生活を続けていたそうです。友達と比べて引け目を感じないよう、持たせる弁当のおかずも毎日変えて。なのに息子は相変わらず「ママはいつ帰ってくるの?」と、母親の不在ばかりを気にしています。「こんなに努力しているのに、自分は息子に必要とされていないのか」という無力感、先行きへの不安感、好きで結婚した女性に蒸発された不甲斐なさ、「これ以上悲しい思いをさせたくない」という息子への不憫《ふびん》さも相まったのでしょう。とっさに被告人はガス栓をひねって無理心中を図ったのです。

息子はまもなく死亡。被告人は生死の境を3日間さまよった結果、一命を取り留めています。

子育ては心身ともに大変な負担ですが、
同時にえも言われぬ喜びを感じるのも親です。

3歳の男児を衰弱死させたとして、殺人の罪に問われた父母に対して、それぞれ懲役6年の判決を言いわたして。

山形地裁　木下徹信裁判長
当時62歳　2002.2.13［説諭］
→P.50

あなたは心の面で母親になりきれなかったのでしょう。
子どもはもう、この世にいませんけれども、
あなたの心の中で大切に育てていってください。

生後11カ月の女児を虐待死させたとして、傷害致死の罪に問われた母親に対して、懲役3年の判決を言いわたして。

札幌地裁　小池勝雅裁判長
当時49歳　2002.6.27［説諭］
→P.88、194

## 可愛いはずのわが子をなぜ……

結婚して家庭を持つ友人といると、子どもの話題になったりします。「休みの日も、どこそこへ連れてけだの、騒がしいんよ」「子どもを叱るのも、けっこう消耗するんやぜー」など、さんざん彼らはグチりながらも、よく見ると口元がゆるんでいるんですよね。

すべての子どもは3歳になるまでの間に、その屈託なき可愛らしさによって、一生分の親孝行をしているといいます。だから大人になってからの親孝行は不要、というわけではありませんが、それぐらい親にとってわが子は愛《いと》しいんだと。犬や猫を飼うのすら面倒な私には想像もつきませんが、自分の息子や娘を授かれば、コロッと心境が変わってしまうものかもしれません。

かと思えば、可愛いはずのわが子に対し、しつけの範囲を逸脱した暴行を加えたり、逆に世話せずに放っておいて弱らせたりする親も一部にいるのです。これらの行為が「児童虐待」にあたると明確に定義した児童虐待防止法も、2000年から施行されています。

こうした虐待事件が、しばしば「本能が壊れた」などのセンセーショナルな表現を用いて報じられたりします。しかし、なにも現代人だけに特有の病理でなく、古今東西で起きていたことのようですし、動物界の親子の間でも散見されます。

## 認定された未必の殺意――山形地裁のケース

男児は赤ん坊のころ、夫婦げんかの最中に足を蹴られて骨折。医師に「虐待ではないか」と疑われた被告人らは、男児を病院に診《み》せないようになっていました。また、男児の母親の病気がきっかけで夫婦仲が悪くなり、互いに育児に関心が向かなくなったとのこと。

しまいには、死亡直前の男児ひとりを残して、頻繁に外出していたそうです。男児の遺体の重さは4・5キロと、3歳男児の平均体重の3分の1以下。頭髪はボサボサ。手足の爪も伸び放題。葬式のとき、被告人らはご近所に「病弱な子どもだったので」と説明していた模様です。

争点は、「未必の殺意」（男児が死んでも構わないという認識）の有無。弁護側はそれを否定し、保護責任者遺棄致死罪（当時、懲役15年が最高刑）の成立を主張しました。しかし、「男児の生存自体をあきらめ、自暴自棄や現実逃避の心理状態であえて放置した」として、判決では未必の殺意が認定されたのです。

## 胸を締めつけられる思いで娘を叩く――札幌地裁のケース

女児は生まれつき心臓に持病を抱えており、生後9カ月を迎えるまで、入院を余儀なくされていたといいます。ようやく退院したころには、父親の男はいなくなっており、自宅での「母子1対1」の子育てが始まりました。

病気に打ち克《か》つ体力を付けてほしい。しかし、なかなか離乳食を食べてくれないことにイラだち、育児ノイローゼに陥った母親（被告人）による虐待は日常的に行われるようになっていました。

「二者関係」というのは何でも、互いに接近しすぎる状態が固定されれば、ゆくゆくは息が詰まって破綻《はたん》しやすくなるものです。母子家庭であったこと自体が問題ではなく、かりに父親がいても、近すぎる母子の二者関係を長い間放置していれば、同じ結果に至っていたかもしれません。誰でもいいので二者の間に立ってもらい、子どもと少しだけ距離をおく時間を作れていたら、本件の被告人も、再び子育てに取り組む気持ちを取り戻せた可能性はあります。

わが子が可愛くて、叩きながら胸を締めつけられることもあったと当時を振り返る被告人ですから、根っからの子育て不適格者とは言い切れません。女児はその愛情を感じていたはずなのに、悔やまれます。

人の幸せは、命の長さでは決まりません。でも、もっと生きたかったよね。

人生で
一番幸せなときは
いつでしたか。
当たり前の生活が一番いい
ということがわかりましたか。

別れ話のもつれから、同棲中の男性を絞め殺したとして、殺人の罪に問われた被告人に向けて質問しながら。

---

東京地裁 小倉正三《おぐらまさぞう》裁判長
当時52歳 1999.秋 [補充質問]

## 「女41歳の賭け」の顛末

突然、3人の家族を置いて自宅を後にした被告人。特に不満もなく、好きな男ができたわけでもなく。19歳の娘、12歳の息子を育て上げてきたのに。ただ、遊びを知らぬ生真面目な夫に飽きたらず「こんな人生では面白みがない」と、刺激を求めて、女41歳の賭け。

勤め先で知り合った同僚と職場の寮で暮らし始めたものの、新生活で待っていたのは、男の暴力だったようです。職員寮で騒ぎを起こして、ふたりとも解雇され、寮を追い出され、といったことを何度も繰り返しているうちに、ついに男のほうが逆ギレして別れを切り出してきました。そのくせ、寮を出る直前になって「やっぱり別れない。逃げたら親兄弟をぶっ殺す」と暴れ、酔いつぶれてしまった男。いったんホッとした気持ちが強引に切られてしまった被告人は、発作的に凶行に及んだのです。

家庭・仕事・趣味……。幸せのかたちに、そう多くのバリエーションはなく、似たような毎日の繰り返しが、退屈でつまらない生活と感じさせるかもしれません。しかし、事故や災害に遭わず、病気にかからず、今日を無事に過ごせたことは偶然。一般的な偶然よりも確率が高いだけで、やはり偶然には違いないのです。毎日の偶然が積み重なり、できあがっていく人生も偶然なはずですが、そこに必然性を見つけようとしている私たちは不思議な生き物ですね。

## コラム

# 「令状当番」は24時間年中無休

「お前がナガミネだな。逮捕状が出ている。言いたいことがあるなら署で聞こうか」

あ〜あ、裁判官の言葉にツッコミ入れて爆笑するような本を書いた人が、ついに名誉毀損《めいよきそん》の疑いで逮捕されたようである。……ところで、この逮捕状って、どこの誰が出しているものなのか、皆さんはご存知だろうか。

「警察で一番エライ人なんじゃないの?」なんて思いがちではあるが、逮捕の令状(許可状)を発布しているのは、裁判官の皆さんなのだ。

被疑者の逮捕・勾留といった身柄の拘束だけでなく、場所の捜索や物品の差し押さえ(いわゆる家宅捜索)なども、裁判官から令状が出ていなければ、原則として違法な捜査となる。これらは人々の行動の自由やプライバシーを制約する捜査なので、行きすぎがないよう、法律に定められた条件をクリアしているかどうか、裁判官による中立的なチェックが求められる。つまりは、法廷で事件を裁くだけが裁判官の仕事じゃないってことだ。

地裁や簡裁が行う令状の発布は、24時間年中無休。夜間や休日の非常時にそなえて、持ち回りで「令状当番」と呼ばれる裁判官が待機。外出先でも即座に電話に出られる態勢にしている。

残業手当など一切出ないし、体力的にもさぞ大変だろう。深夜だろうが盆暮れ正月だろうがお構いなしに持ち込まれる書類や写真などを確認し、ざっくりと捜査状況をつかむのだ。

ただ、強制捜査に行きすぎがないかどうかのチェックが、本当に行き届いているのか、疑問の声があがっているのも確かである。捜査機関から求められれば、ほぼ100%令状を出してしまう裁判所を指して「令状の自動販売機」なんて、イジワルなアダ名を付ける人もいる。

# あとがきに代えて
# ──裁判員制度のスタートを前に

## 司法試験の不合格体験記

私には、身の程をわきまえず、間違えて弁護士を目指してしまった苦々しい過去があります。それでも、ありあまる20代のエネルギーを、乾いた受験勉強に注ぎ込んだ7年間は、決してムダではなかったと思います。この寄り道が、今の仕事に活かされているのですから。

……と、爽《さわ》やかに申し上げたいところですが、今にして思えば、少なくとも後半の4年間はムダでした。さっさと撤退して、もっと早く親孝行するんだったと後悔しています。

これでも、最初の3年間あまりは夢中でやってたんですよ。「法律や判例って、緻密《ちみつ》に作られてるんだなぁ」と、一種の感動すら覚えていました。ただ、受験4年目ぐらいからでしょうか。成績が頭打ちといいますか、むしろ、一部で下がってきたのです。

なにかを憶《おぼ》え、忘れ、また憶えるという、悲しいループをぐるぐる回っているうち、さすがの呑気《のんき》な私もウンザリ。受験準備の退屈さに耐えられなくなるんですね。

こういう人間だって、論述式試験では、たまに当たればデカいんですが、たいてい模擬試験の答案を通じて、赤ペン採点する合格者から「重要な論点を外してます」「一般的な見解ではありません」など、鮮やかにツッコまれていました。

そもそも、複雑な問題を複雑なまんま考えようとするから破綻するのです。反省した私は、浪人生活のラスト2年間を、この要領の悪い性格を変えるために費やしました。

ただ、表現が大げさかもしれませんが、まるで自分にウソをついているような気分になってきます。心にフタをして、得点の上昇に奉仕しない疑問は押し殺して、だいたいの答えを出したらサッサと次に進んでいく営みが、まさかここまで窮屈で怖いことだとは思いませんでした。そして、その怖さに気づくのが遅すぎました。

司法試験では、大量の記憶から即座に一部を取り出して再現することに神経を使います。そのぶん、なるべく思考を節約して「割り切る」「無難にまとめる」という方向性で乗り切らなければ、高い評価を得られないのです。欲張って、あれこれ思考を散らかし、時間をムダづかいするような人材は賢くない。賢くない人間は法律家として使えませんから、しかたのないところです。

## 取りこぼされる大事なもの

複雑な事件を複雑なまんま処理するのは、時間と労力のムダですし、間違いを生む元です。だから、法律家の皆さんは、法律的に関係ある事実だけをうまく取り出し、単純化して解決へと導きます。

単純化という言葉づかいですと、なんともカタ苦しいので、ここでは「あっさり化」と呼ぶことにいたします。「あっさり化」は、たとえば戦略を立てたり、作業効率を上げたりするのに有効な策です。もしかしたら、「あっさり化」を簡単な作業だと思い込む方がいらっしゃるかもしれませんが、そうではありません。本来はとても悩ましい社会問題について、あっさり結論を出せるようになるためには、相当な訓練と勇気が求められます。

ところで、刑事裁判とは何でしょうか。第一に求められるのは実体的真実の発見、とりわけ「無罪の発見」が重視されます。つまり、検察官の主張のなかから、おかしなところがないか、「私がやりました」と、被告人が犯行を白状した内容にウソはないかどうかなどを探ることです。この作業があって初めて「犯行と関係ない私たちが罰せられない」という自由の保障が達成されます。

ほかにも、その犯行は「わざと」やったのか「うっかり」やってしまったのか。同じ「わざと」の犯行だとしても、計画的だったか衝動的なものか……など、発見すべきことは山ほどあります。そして、なにかを発見しようとするときまで「あっさり化」で切り抜けようとすると、大事なものを取りこぼすおそれがあるのです。

裁判官には、事実認定の「注意則」という一種のマニュアルが用意されています。たとえば、言っていることがコロコロ変わるような人間の話は信用しにくいとか。真犯人しか知りえない「秘密の暴露」が、被告人の話の中に含まれるならば、有罪の認定に傾きやすいとか。たしかに注意則は便利なのですが、そのぶん、一面的な決めつけや思い込みを引き起こす可能性も否定できません。また、争点を整理するなかで、いろんなものが切り捨てられてしまう心配もあります。

なので、真相の発見を目指す刑事裁判では、世の中の複雑さを、できるだけ複雑なまま捉えようとする態度だって、「あっさり化」と同じように重要ではないかと考えます。この態度を、かりに「ややこし化」と呼ぶことにしましょう。

もちろん、「あっさり化」と「ややこし化」、いずれも高いレベルで備えた裁判官もいらっしゃいます。しかし、「ややこし化」能力の低さを自覚しながら、知らんぷりしてきた裁判官が、これまでの司法の歴史上、まったくいなかったと言い切れるでしょうか。発見の労力を節約するぶん、処理速度を倍加させ、あるいは処理を極端に遅らせることによって、事件の記憶を過去へ葬り去り、ご自身と社会全体をごまかしてきた裁判官が。

## ゴチャゴチャ引っかき回すのが裁判員の使命

はるか遠い将来、かりに、犯行当時の現場の様子を直接見ることのできるタイムマシンやタイムテレビを人類が発明できたとしますよね。それでも、過去に起こった事件の全容は表面的にしか見えないのです。殺意、犯行動機、当時の精神状態など、誰かの頭の中まで調べるには、タイムマシンなどとは別の、信頼できる分析装置が必要となるでしょう。

ましてや、現代の裁判で真実を見いだすなど、とうていムリな相談。真実に近いだろうと皆がいちおう信じられる「物語」を紡《つむ》ぎ出して、とりあえず納得しようとしているのです。

そこで、裁判員制度です。過去に起こった犯行の一部始終という「物語」を探っていくため、裁判員6名に課される任務は、証拠から考えられる要素を、あえて「ややこし化」させてゴチャゴチャに引っかき回すこと。この一点に尽きるものと著者は理解しています。裁判員を務めるのに「法律の知識など要らない」とは、そういう意味です。「あっさり化」の作業に関しては、今までどおり裁判官がやればよく、そのへんは役割を分担すべきでしょう。

裁判員による「ややこし化」を実現させるには、法廷で証言を聞きながら、あるいは証拠の写真や書類を眺めながら、私たちがなんとなく気になった点を、できるだけたくさん評議の場に出し合っていくことが大切です。

とにかく、何が証拠になるかわかりません。殺害の直前に被告人がラーメンの出前を頼んでいた事実が、犯行に計画性の無かったことを示す決め手になるかもしれません。もし、その被告人が猫舌で、ラーメンを好んで食べないような人物ならば、その出前注文は、捜査の目をあざむく作戦だった可能性が浮上して、かえって犯行の計画性を疑わせます。

初めのうちは緊張して、裁判を見た感想を述べるだけで精一杯でしょうが、場の雰囲気に慣れてきたら、必ず証拠をもとに話をすべきです。ある裁判員の考えにおかしな部分があっても、その人の頭の中で勝手に消すのではなく、いったん口に出して、全員の話し合いによって消すようにしないと、評議の「ややこし化」はうまくいきません。

視点を固定しない。素朴な疑問を笑わない。他者の意見を頭ごなしに否定しない。わからないところをバンバン尋ねて、気づいたことをビビらずに指摘し、反論が来てもガックリせず耳を傾けていくのです。そうした心がけによって、検察官が主張する単調な犯行ストーリーに、ほころびが見えてくるかもしれません。あるいは、弁護人の滑らかな弁舌や身ぶり手ぶりが信用できなくなってくるかもしれません。

もし、こういった遠まわりな「ややこし化」にガマンならなくなり、声を張り上げてつぶしにかかり、話をムリヤリまとめようとする裁判官がいれば、注意してさしあげてください。「評議のジャマしないでください」「一般人の感覚が欲しいんでしょ」と。

私は、ある大学院が主催した模擬裁判を傍聴したことがあります。夫の暴力に耐えかねて家を出た妻は、別の男性と同棲していたのですが、ある夜、「入院している娘の体調が悪くなった」と夫から電話があり、妻は病院へ急行。翌朝に帰宅するまでの間に、男性が何者かにメッタ刺しにされ、妻が逮捕、起訴されたという殺人事件の設定です。

犯行現場となった部屋のカギは、妻と男性しか持っていませんでした。そして妻が重要参考人（逮捕されていないが、警察からだいぶ怪しまれている人）の段階で、ひとりで書いたという「私が殺しました」との上申書が提出されています。ただし、その自状に至るまでの取り調べが、ホテルの一室などで計9日間に及び、その間、帰宅どころか電話もできない状態だったことになっています。

模擬法廷での審理が終わってからは、評議室での話し合いの模様も中継されました。大学院近くの商店街から集まったという裁判員役の皆さんの意見が、とても素晴らしかったのを印象深く覚えています。

「自殺防止策だと言っておきながら、警察は重要参考人をひとりにするのか」「検察は突発的に男性を刺したと主張するが、夫から電話があったときは、娘の容態のことで頭がいっぱいなはず」「7年間も夫婦でいれば、部屋の鍵をどこに入れて持ち歩くか、互いのクセもわかっている」……など、鋭い指摘の連続に、主催者の教授も驚き、絶賛していました。最終的には、被告人（妻）に無罪の評決が出されていましたが、こうした意見の応酬を気軽にできる雰囲気が作られれば、裁判員制度は意外とあっさり成功するのではないかと、私も感じたぐらいです。

## プロのみなさん、自己改革を

ただ、著者の私自身は、決して裁判員制度に賛成ではなく、むしろ「やめりゃいいのに」と思っています。あんなものは、いかにも司法制度改革が順調に進んでいるかのように見せたいがための、派手な演出ではないかと疑っているのです。

裁判員になる皆さんは、法廷で見聞きするものを信じすぎてしまうかもしれません。裁判員が呼ばれるような重大事件で、犯人確保の手柄がほしいあまり、警察官や検察官は証拠の捏造や書き換えをやったり、弁護側に有利な証拠を「存在しない」と言い張る可能性もあります。

また、犯行の目撃証言がいかに疑わしいかは、いろんな心理学的実験によって立証されています。人間の記憶はとても脆《もろ》く、いくらでも自然に書き換えられてしまうものだからです。どんなに良心的な証人でも、話全体をキレイに整えようとして、記憶の欠落した部分を無意識に埋めて語ってしまいがち。「事件解決の役に立ちたい」という証人の素朴な思いから、なんとなく怪しく見えた人物を真犯人だと自分自身に言い聞かせている危険性だってあります。そういった留意点を、どこまで前もって裁判員に説明しきれるでしょうか。

本来は、一般の私たちに負担を強いることなく、ひとりひとりの職業裁判官が少しずつ心がけて、評議の場を「ややこし化」させてもらわなければ困ります。第一審・控訴審・上告審の裁判官のほか、すべての法律のプロたちが、それぞれの立場で自覚さえすれば、司法をもっとマシな方向へ運んで行けるものと信じています。それだけ皆さん、ズバ抜けた能力をお持ちなんですから。私は、彼ら彼女らと実際に競争して負けた人間ですので、それなりに身体で思い知っています。

かの相対性理論を提唱した、アルベルト・アインシュタインは言いました。「今までと同じ考えや行動を繰り返して、異なった結果を待つのは狂気である」と。もしかしたら、現状のシステムのまま、法律家の努力で変えられると信じる私の考えは、間違っているのかもしれません。かといって、裁判員制度を司法制度改革の目玉に据えて、本当に大丈夫なのかどうかも難しい問題です。この新しいシステムの導入によって、刑事裁判が改善されていく度合いと、一般国民にのしかかる負担、はたしてどちらが大きくなるのでしょうか。その天秤の傾きを、これから意識的に観察しつづけていこうと、私は決意しています。

◇

おかげさまで、前著『裁判官の爆笑お言葉集』をきっかけに、周囲の環境は大きく変わりました。出版社へ営業しても当然に断られてきた立場から、逆にご依頼を受ける立場になり、本来は会えるはずのない方々にも、たくさんお目にかかることができています。

「日本裁判官ネットワーク」の会合に招かれる機会を得て、生まれて初めての講演を、よりによって現役裁判官の皆さんの前で行うという、おそれおおい経験をさせていただいたのが、昨年の12月でした。夜にはホテルの一室で寿司づめ状態になりつつ、酒盛りまでご一緒しまして、裁判官が気取らない普通のオッサンであるという事実にゴキゲンでしたよ。

また、自分が面白いと考えていることを、同じように面白いと感じてもらえて、価値観を共有することができる人々も全国に大勢いることがわかり、私は幸せ者です。

裁判官の「お言葉」が法廷で発せられた瞬間に、私がすべて立ち会えれば究極の形でしょうが、それも叶わぬ夢。貴重なお言葉の存在を伝えてくださる、各報道機関の取材成果をお借りするかたちで、本書は完成しました。私以上の努力や使命感をもって日々の業務に就いておられる、全国の司法記者の方々に敬意を表し、ここに謝辞を申し上げます。

また、本書への寄稿のほか、お言葉の発掘に協力してくれた松尾優喜さん（↓61ページ〜）にも、あらためてお礼を述べたいと思います。

この本で書き記してきた内容は、なかなかとっつきにくい法律的な事柄ばかり。そんなやや